法人化改革后
日本国立大学非政府办学经费
拓展研究

伍宸　著

人民出版社

策　　划：戴燕白

责任编辑：张洪雪　杭　超

美术编辑：张　军

图书在版编目（CIP）数据

法人化改革后日本国立大学非政府办学经费拓展研究 / 伍宸著 .
—北京：人民出版社，2020
（大学筹资理论与实践 / 洪成文主编）
ISBN 978-7-01-022802-0

Ⅰ . ①法… 　Ⅱ . ①伍… 　Ⅲ . ①高等学校—教育经费—研究—日本
Ⅳ . ① G649.313

中国版本图书馆 CIP 数据核字（2020）第 249329 号

法人化改革后日本国立大学非政府办学经费拓展研究
FARENHUA GAIGE HOU RIBEN GUOLIDAXUE FEI ZHENGFU BANXUEJINGFEI TUOZHAN YANJIU

伍宸　著

人 民 出 版 社　出版发行
（100706　北京市东城区隆福寺街 99 号）

小森印刷（北京）有限公司印刷　新华书店经销

2021 年 4 月第 1 版　2021 年 4 月北京第 1 次印刷
开本：710 毫米 × 1000 毫米　1/16　印张：12.25
字数：157 千字

书号：ISBN 978-7-01-022802-0　定价：59.80 元

邮购地址　100706　北京市东城区隆福寺街 99 号
人民东方图书销售中心　电话（010）65250042　65289539

《大学筹资理论与实践》丛书序一

    办好一所大学是要花许多钱的，当然有钱并不一定能把大学办好，关键在于有没有大师级的教师、有没有学科领头人。但是领头人需要高薪才能聘任到，才能留得住。近年来各大学对于学科领头人的竞争，已经把薪酬推到了越来越高的位置，就是一个最好的说明。因此，筹款就成了大学校长的一项重要工作，也可以说是一项使命。许多以私立学校为主的国家，学校经费来源主要是基金会、校友的捐赠。因此，大学校长筹款的任务是很重的。中国大学大多是国家举办的，经费有保障。但是，为聘任优秀教师、开展特色研究，也必须自己筹集资金。筹集资金的渠道是多元的：申请科研经费、与企业合作、校友捐赠。但无论哪一种，都需要学校办出特色、办出成绩、办出名气。越有名的大学越能争取到科研经费、越能争取到企业的合作、越能得到校友的捐赠。因此，把学校办好，培养出优秀的毕业生，校友才有能力并愿意捐赠。当然，也要看学校的性质、毕业生的就业情况。像我们北京师大，培养的是人民教师，毕业生极少成为财富巨头，因此，很少得到校友的捐赠。当前我国大学捐赠真正出于校友的也很少，大多是企业家为了支持教育事业，同时为了提高企业的知名度，主要给名牌大学捐赠。

大学筹款过程中会遇到许多问题，如税务问题、学校与政府的关系问题、资金的使用问题、资金的管理问题等等。政策性很强，又很具体。从理论上要研究清楚，从实际上要研究处理策略。这是高等教育需要研究的重要课题。尤其在我国，大学自己筹资的时间还很短，自从实行社会主义市场经济以后，学校可以自筹资金以来，至今不过二十多年的时间，还缺乏法律的规定和实际的经验，更需要认真研究。

洪成文教授组织了自己的团队，专门研究大学筹资和财务管理问题，经过十多年的调查研究，得出丰硕的成果，凝结在这部丛书中。该丛书共收入 12 部论著，涉及国内外大学筹资的实践和经验，集中在捐赠资金的问题上；包括各国大学筹资的渠道、政策研究、捐赠的激励机制、资金的管理等，内容十分丰富。

这套丛书的特点：一是问题导向。大学筹资是当前很现实的问题，我国大学缺乏此方面的研究，需要借鉴外国先进经验，作理论和实践的研究。二是理论与实际相结合。丛书涵盖了大学筹资理论研究中的重大问题，同时实践的指向也非常明确、非常具体，并有案例研究示范。三是介绍了外国的经验，并结合了中国实际。因此这套丛书既是高等教育的论著，也可算作是比较教育的论著。

这些论著均是作者在各自博士学位论文的基础上修改完成的，是他们的主要阶段性研究成果。这套丛书体现出这些青年学者严谨的治学态度、良好的学术素养，以及富有创造性和批判性的思维品质，这对他们未来的学术成长和发展至关重要。

我不可能通读全套丛书，洪成文教授要我写几句话，我只是觉得这个主题很有研究的必要。同时觉得，借鉴外国经验，需要慎重研究。因为国情不同，中外文化迥异，因此在筹资，特别是研究捐赠问题时，在观念上、伦理上、政策上、程序上会有很大不同，需要深入研究。

最后，希望未来有更多的学者加入到此项研究中，为大学筹资事业
提供更多优质的决策咨询。

2018 年 8 月 23 日

《大学筹资理论与实践》丛书序二

进入 21 世纪以来，世界高等教育发展的新趋势是财政结构日益多元化和个性化。虽然来自政府的资金占比逐渐降低，但是大学总收入却在有效增长。增长的部分从哪里来，资金增长模式是如何实现的，这些增长模式对于我国高等教育会产生什么影响，哪些是值得我国高等教育借鉴的，都有非常重要且紧迫的研究价值。

2014 年，我有幸结识了哥伦比亚大学诺亚·德莱兹纳（Noah Drezner）教授，她对北师大的研究团队表现出极大的兴趣，并接受我的博士生去哥伦比亚大学访学。2016 年，在她主编的《教育与慈善》杂志里，给我们的团队开辟了中国学者研究专栏。2016 年我们在世界比较教育大会上再次相遇，她鼓励我们把已有的研究成果集中出版。好几家出版社对本套丛书表示过浓厚的兴趣，最后我们选择了人民出版社。主要原因有二：第一，人民出版社是国家最高级别的出版单位，综合影响力居出版界前列；第二，人民出版社的编辑对我们的丛书作者给予了最大的鼓励，他们看到了本套丛书的社会价值以及高等教育发展价值。知音难觅，但我们还是找到了。与人民出版社合作，我们充满期待，也希望借助本次出版，为高等教育界，特别是高校领导人，输送思想和精神营养，也希望在高等教育财政领域内开辟一块崭新的研究领地，让更多的学者加入到大学筹资和大学基金投资的研究中。

编辑和出版本套丛书的目的主要有四点：

第一，研究大学筹资和基金投资是建设社会主义强国的需要。国务院于 2015 年 10 月颁布了《统筹推进世界一流大学和一流学科建设总体方案》，提出用五年或更长的时间，将部分学科和大学推向世界一流水平或平台。毫无疑问，政府已经给出了高等教育大发展的明确导向。但是大学建设仅仅依靠政府的资金支持是不够的，如何最大限度地挖掘社会资源将是大学未来必须着力思考和落实的。相比英美大学，我国大学对政府的资金依赖程度较高。如果我们有好的政策，并且能够充分利用社会资源，大学的财政收入将会成倍增长。社会筹资和校友筹资，是大学挖掘社会资源的国际普遍做法。因此，本丛书的出版必将起到思想引领作用。只有政府重视社会筹资，大学重视社会筹资，建设"双一流"高校才会有更加扎实的经济基础。

第二，研究大学筹资、投资，是完善高校财政结构的需要。十多年来，我国高校财政结构逐渐走向多元化，这是历史的进步，但是我们必须看到，真正走向多元化的还只是少数高校，大多数高校的财政结构并没有发生根本性变化，其对政府的财政依赖程度很高，大学的经费基本上是学费和财政拨款两大项的简单相加。美国高校财政专家约翰·斯通早就提出财政多元化的理念和国际趋势，很多大学都在不自觉地实践这一观点。从目前情况来看，高校财政基本上呈现出政府拨款与自筹经费此消彼长的国际趋势。政府拨款占比下降了，大学不得不去挖掘自己的财政资源。一般来说，自我挖掘资源的办法多样，各有不同，有依赖大学附属医院的，例如耶鲁、密歇根和匹兹堡等大学；有依赖大学筹资和基金投资的，例如哈佛、哥伦比亚、普林斯顿和耶鲁等大学；也有依靠政府科研合同经费的，比如加利福尼亚理工学院、麻省理工学院和斯坦福大学；甚至还有依靠本校资金进行投资所获收益的，例如哈佛大学和耶鲁大学。虽然方法各有不同，但值得关注的是，有一些学校借助多种方法积累财富，例如哈佛大学和耶鲁大学，几乎综合利用了上述多种方法。当这些大学基金投资收益和附属医院收入加起来，达到财政总预算 60%—70% 的时候，其学校财政状况的巨大潜力就显而易见了。如果说美国高校通过其他渠道弥补了政府高等教育财政拨款（主要是指州政府）逐年下降的不足，那么我们可以对我国高等教育财政结构做一下展望：在确保政府拨款连年增长的前提下，较大程度地增加其他收入并扩大其他收入在学校总预算中的比例，如此，我国"双一流"高校建设岂不获得了更大更充分的经济保障吗！

第三，挖掘社会资源发展高等教育的时代即将到来。三十多年的经济持续高速发展，造就了我国一批富裕阶层，他们的财富如何使用，社会价值如何得到更好的体现，是他们自己的事情，也是社会的责任。我们要帮助他们树立一个理念，将财富回馈到大学发展和事业上，是先富起来的企业家一辈子最为荣耀的贡献。因为回馈大学既是对母校的报答，也是鼓励弱势群体实现个人理想的最直接的善举。以自己所创造的财富改变更多年轻人的命运，以自己的捐赠服务使更多的大学走向世界一流行列，这就是富裕阶层发挥财富价值的最伟大的途径。因此，我们要将国际上大学获取捐赠的理念和手段介绍到国内来，也要将国际上富裕阶层将大量捐款回馈母校以及资助那些服务全人类健康事业的科学研究的生动案例介绍给国内的富裕阶层，这必将有利于大学发展，也必将有利于富裕阶层人们人生价值的更好实现。

第四，掌握筹资和投资的理念和技术，将提高大学资金使用的效率。本套丛书涉及大学筹资的主要问题，针对大学发展与筹资的互动关系、筹资的理念和技术、筹资政策和法律问题、大学筹资和基金投资税收优惠、筹资伦理和资金管理以及大额筹资计划的设计和实施等，从组织机构建设和团队建设等方面回答了高校可能遇到的所有困惑。本套丛书也涉及大学基金投资的部分重大问题，从基金投资的方法和技术、投资与筹资的互动关系，到大学基金风险管理，再到中、美两国大学基金管理的比较研究等，从理论到实践，阐述了大学基金管理与大学代际发展的关系。这些研究向社会表达的声音主要体现在以下两个方面：一是大学重视资金管理，尽可能地让大学筹资和基金投资收益所得最大化，为大学的代际发展提供经济基础；二是让社会看到大学在经费使用上并不像某些人误解的那样——"大手大脚"。大学对于资金使用的高效率不仅能为大学新的筹资计划创造良好的社会舆论环境，而且可以展示大学的良好形象，即大学对于任何资金，不管是从哪里来的，不管是多还是少，都遵循谨慎原则，不乱花一分钱，不让资金浪费现象出现在象牙塔内。

任何前沿性的研究都是探索性的，大学筹资和基金投资无疑是高等教育政策与管理研究的前沿之一，故而丛书中所涉及的理论、方法和技术，难免有这样或那样的瑕疵。本着为实践服务、为政策咨询的目的，我们愿意与所有对此感兴趣的大学领导人和高等教育研究同行，不断探索，直至完善。

洪成文

2018 年 5 月 16 日

目　录

CONTENTS

绪 论

高等教育的准公共属性决定了高等教育不仅是政府公共事业，还要遵循谁受益谁买单的基本原则。与此同时，在新公共理论思潮的影响下，世界不少国家越来越重视市场化改革，从一定意义上讲，就是为政府减负，同时也意味着政府放权。在此过程中，公立高等教育无疑是改革的前沿阵地。具体来说，越来越多的国家以降低公共财政经费拨款为主要手段不断将公立高等教育推向市场。因此公立高等教育也越来越需要通过办学理念和办学模式的变革来适应这一变化。通过积极开展筹资活动获得足够办学经费是变革的方式之一，这种方式能够使公立高等教育在竞争激烈的高等教育市场中得以生存和发展。

一、变革时代世界公立高等教育面临的挑战

高等教育自作为一个独立机构产生以来，其自身的发展就与社会发展紧密联系在了一起，逐渐形成了一个较为稳定的互动合作关系，即高等教育机构以自身所具有的培养人才、科技创新与知识生产的能力促进社会的进步与发展，同时社会以其发展的成果为高等教育机构提供所需的人力、物力、办学空间等基本资源。高等教育与社会之间的这种互动合作关系随时代的发展呈现出越来越紧密的趋势，即一定时期内社会的经济、文化、政治等方面的变化发展能在一定程度上影

响高等教育的发展，并形成一定时期内具有较明显的时代特征的高等教育发展模式。

　　研究中世纪大学的学者一致认为：最初的大学创办于 12 世纪，早期最有代表性的大学有博洛尼亚大学、萨莱诺大学、巴黎大学、牛津大学及剑桥大学。[①] 在现代高等教育机构诞生初期，欧洲社会工厂手工业为主要生产模式的阶段，此时，最早出现了意大利的萨莱诺大学，它以编译古希腊及阿拉伯医学著作和进行医学教学研究而闻名，并在 1231 年得到政府的承认。另一所古老的大学是意大利的博洛尼亚大学，它为欧洲国家社会结构的形成作出了重要贡献。中世纪大学数量不多，在空间分布上也无规律可言。12 世纪后期到 13 世纪，西欧许多国家纷纷成立大学，其中著名的有英国的牛津大学（1168 年）和剑桥大学（1209 年），法国的蒙彼利埃大学（1181 年）、图卢兹大学（1230 年），意大利的帕多瓦大学（1222 年）、那不勒斯大学（1224 年），西班牙的帕伦西大学（1212 年）和葡萄牙的里斯本大学（1290 年）等。[②] 这个阶段的高等教育机构以培养法律、神学和医学人才为主要特点，具有很强的宗教性和古典性，以教徒式的人才培养为主要办学目标，现代科学研究与社会服务职能还未得到重视。

　　随着欧洲第一次和第二次工业革命的相继完成，人们发现社会生产力的提高越来越依赖于高素质的人才和高端的科学技术，同时在经济发展繁荣的背后也需要处理越来越复杂的国家内部社会关系与国际关系，于是对各类人才的需求量越来越大，既需要掌握一定实用技术的产业工人，也需要掌握深厚理论知识且具有科学研究能力的人才，

---

　　① 参见贺国庆：《欧洲中世纪大学起源探微》，《河北大学学报》2007 年第 6 期。
　　② 参见齐洪洲：《中西方著名大学标志对比分析研究》，硕士学位论文，西北师范大学，2011 年，第 15 页。

还需要掌握外语能进行国际交流的人才。面对社会的急剧变化，置身其中的高等教育必须作出积极的回应，仅仅进行教学式的人才培养已不能适应社会的需求，必须积极发展大学的其他能力，于是现代意义上的大学在德国得到了长足发展。现代大学制度开始于19世纪初，是指启蒙运动以后、经过理性主义改造，特别是指以德国洪堡创办的柏林大学为代表的新型大学。[①] 一般认为，1809年德国柏林大学的创立标志着现代意义上的大学的诞生。[②] 现代大学与传统（中世纪）大学的根本区别在于大学职能的转变。传统大学是传授已有知识的场所，将研究和发现知识排斥在大学之外，而现代大学则将科学研究作为自己的主要职能，将增扩人类的知识和培养科学工作者作为自己的主要任务，推崇"学术自由"和"教学与研究的统一"。[③] 柏林大学精神推动了德国科学事业的飞速发展，从而使19世纪初到20世纪初的德国成为世界科学的中心。这一思想对世界高等教育也产生了深远影响，为近代大学的形成奠定了基础。德国的现代大学运动为世界大学发展指明了方向，霍普金斯大学就是以德国柏林大学为模板建成的美国第一所研究型大学。这一时期的高等教育与社会的物质交换较之前阶段更加频繁，规模也更大，高校以其科研成果推动社会的发展进步，社会也给高校注入更多的发展动力和资源。

欧洲现代大学模式在美国得到蓬勃发展之后，美国社会便开始积极探索大学在促进社会发展方面的新职能，于是1862年美国国会颁布

---

① 参见黄芳、蒋莱：《现代大学制度研究综述》，《复旦教育》2002年第4期。

② 参见张帆、王红梅：《德国大学博士培养模式的主要问题及变革尝试》，《比较教育研究》2008年第11期。

③ 参见陈学飞：《传统与创新：法、英、德、美博士生培养模式演变趋势的探讨》，《清华大学教育研究》2000年第4期。

了《莫雷尔法案》，将大学推到了社会服务的高度上，使大学具有了社会服务职能。《莫雷尔法案》突出强调了高等教育的经济功能和社会服务功能，促进了美国南北战争后至 19 世纪末工农业生产的高速发展。①根据《莫雷尔法案》创立的赠地学院，彻底冲破了欧洲中世纪高等教育偏重经典学科教育、轻视实用教育旧传统的束缚，把农业技术人员看作国家繁荣的命根子，把发展和推广实用技术放在首位，开创了高等教育直接为国家经济建设服务的新风。②它对原先在单独组织的专门学院内开设的各种实用专业和学科，都给予了学术上的正式地位，使实施高等职业技术教育、从事实用技术研究和为社会提供各种服务咨询成为高等院校的合法职责。③美国大学在继承大学所具有的教学、科研基本职能的基础上，积极发展大学的社会服务职能，将大学发展与社会发展更加紧密地联系在了一起。

现代大学诞生后便不断发展成熟，高等教育机构为适应和促进社会的发展而不断进行自身组织功能和运行模式的改变与完善，因此高等教育机构不仅具有教学这一最基本功能，还具有科研和服务社会的使命。从中我们可以得出一个基本规律：高等教育以自身的发展适应社会发展，同时又促进社会发展；社会的发展也对高等教育提出了新的要求和挑战。

高等教育的准公共属性决定了其自身的存在不以营利为目的，而是以培养的人才、知识生产与社会服务间接地促进社会的进步和发展

---

① 参见张国祥、续润华、李建强：《"莫雷尔法案"颁布及其历史影响》，《河南大学学报》1999 年第 2 期。

② 参见张国祥、续润华、李建强：《"莫雷尔法案"颁布及其历史影响》，《河南大学学报》1999 年第 2 期。

③ 参见张国祥、续润华、李建强：《"莫雷尔法案"颁布及其历史影响》，《河南大学学报》1999 年第 2 期。

为主要目标，因此也决定了高等教育机构对外部办学资源具有很强的依赖性，而政府也通过为高等教育机构提供所需办学资源达到控制高等教育机构的目的。因此，从世界范围来看，以政府主导的公立高等教育占据了世界高等教育体系的绝大部分，在私立高等教育最为发达的美国，其公立高等教育体系依然占据重要地位。公立高等教育在当今世界各国的发展中发挥着重要的作用，不仅有人才培养、科学研究、社会服务的基本职能，还积极帮助各个国家应对由全球化、信息化等所带来的挑战。

（一）日益加重的财政危机

当前各国公立高等教育面对的一个大趋势便是日益加剧的财政压力，主要归因于急剧增长的办学成本与缓慢增长的经费来源，甚至是经费下降（特别是来自政府的公共财政资助）。由于高等教育的准公共性特征，其不直接产生利润，而且属于资本和劳动密集型产业，所以高等教育需要不断地从社会获取大量的办学资源以维持自身的正常运转。从 20 世纪 90 年代以来，世界各国高等教育所共同面对的一个巨大挑战便是财政压力，世界银行于 1994 年宣布全球范围内高等教育"身处危机之中"。[①] 造成全球范围内公立高等教育财政危机的原因主要有以下三点。

1. 政府公共财政支持不断下降

世界各发达国家的经济从 20 世纪 70 年代末开始陷入长期低迷状态，虽然从 20 世纪 90 年代初世界经济状况有所好转，但从 90 年代

---

① 参见 Nicholas Barr, *The Economics of the Welfare State*, Second Edition, London: Weidenfeld and Nicholson Press, 1993, pp. 106–345.

末开始又陷入了新一轮的金融危机之中。在各国政府为应对经济低迷纷纷采取税收减免政策的同时,其他各项公共部门的开支却日益增加,诸如卫生医疗、养老、国防等。此外,在教育系统内,由于基础教育在全世界范围内逐渐普及,基础教育所耗费的公共资源也在逐渐增加,公立高等教育不仅要面对政府的财政资助在教育部门总量上的减少,还要面对来自教育部门内其他各级教育对资源的竞争。公立高等教育办学财政结构中来自政府直接资助部分呈现不断下降的趋势,其对政府财政的依赖性不断减弱。以美国研究型公立大学为例,在其财政收入中,来自州及地方政府的拨款比例从 2000 年的 32.4% 下降到 2010 年的 21%,下降幅度明显。①

2.高等教育单位生产成本不断增加

随着高等教育国际化的不断深化发展,国家与国家之间高等教育的竞争也日趋激烈,主要表现在对顶尖人才的争夺、对优质生源的争夺、对科技前沿的抢占等。各国为在竞争中获得优势地位,不断加大对高等教育的投入力度。高等教育虽然不是传统产品生产部门,不直接产出效益,但其在人才培养、科学研究和社会服务的过程中也如其他产业生产部门一样耗费一定量的有价劳动与资本。一定时期内高校培养单位人才、单位科研成果与单位社会服务产品所需劳动与资本量,便是高等教育机构在一定时期内的单位生产成本。全球化时代,各国之间高等教育的竞争日益激烈,各国高等教育要想在竞争中处于优势地位,就必须不断提高人才培养的质量,在科学研究上创造出世界一流的科研成果,且广泛参与各项社会服务事业。同时,在世界经济通

---

① 参见 Revenues: Where does the money come from? A Delta Date Update, 2000–2010. Delat Cost Project at American Institutes for Research,http://www.deltacostproject.org/analyses/delta_reports.asp.

货膨胀率不断提高的背景下，购买单位产品与劳动的价格不断高涨。在这些因素的共同作用下，高等教育不仅是劳动密集型产业，更成为资本密集型产业，高等教育单位生产成本不断增加。

3. 高等教育大众化背景下入学率不断提高

高等教育机构诞生初期，其服务对象仅限于少数精英贵族，大多数社会中下层民众没有或者很少有接受高等教育的机会。一是因为当时高等教育的规模很小，所能容纳学生的数量极为有限；二是当时高等教育的内容具有很强的古典性与宗教性，仅有少数如医学、法律等世俗学科，这就将大多数人排除在了高等教育门槛之外。随着高等教育的大众化趋势不断增强，其服务对象的范围也不断拓展，因此高等教育入学率不断提高，接受一定年限的高等教育在当前已经成了公民的基本权利之一，绝大多数发达国家和地区高等教育入学率已经达到了大众化水平，不少发展中国家和地区高等教育入学率也已经实现了大众化目标。世界各国和地区高等教育入学率的不断提高，对高等教育机构提出了明确的要求，需要其在保证教育质量的前提下，不断增加入学机会并努力实现高等教育产品的多样化，以此保证来自不同经济、文化、教育背景的人都能平等地接受高等教育。世界各国和地区高等教育不断实现大众化的过程，对高等教育机构自身来说既是挑战，更是机遇，这就需要高等教育机构不断拓展办学资源，在扩大办学规模的同时不断提高办学质量。

（二）全球化背景下日益增强的国际竞争

信息化时代不断推动着全球化发展水平，不仅是生产、经济领域的全球化，文化教育领域也不可避免地卷入全球化发展进程中。高等教育的全球化也不例外，不断受到人们的广泛关注。高等教育的全球化特征主要表现在以下三个方面：一是高等教育的开放性，主要表现为远程教育的不断延伸和留学生教育规模的不断扩大；二是高等教育的趋同性，是指在全球教育、文化交流日益发展的情况下，使得具有共性的高等教育发展模式逐渐被普及推广，成为全球通行标准的状态或趋势，诸如高等教育管理模式、课程、大学理念等；三是高等教育全球化的互动性。以民族或国家为基本单位的高等教育体系如今正在跨越民族文化和国家的边界而日益联成一体，相互的交流和合作几乎已经成为一个国家高等教育健康发展所必不可少的条件。21世纪大学的使命是交流与对话，既包括不同文化和文明之间的交流，也包括科学技术和人文领域的对话，还包括人才的全球化流动和高等教育的全球性合作。①

高等教育国际化给世界高等教育发展带来了前所未有的挑战，主要表现在日益增强的国际竞争，而其中对生源和师资的争夺尤为激烈。高等教育的全球化时代，其生源构成也是多元和全球化的。生源的数量和质量是高等教育发展的最基本要素，不仅决定了高等教育机构是否能够存在，还决定了其发展水平。现实情况是，在全球化竞争中，由于欧美等发达国家和地区高等教育发展水平较高，且拥有雄厚的资金，能够为世界各地优质生源提供较为丰厚的奖学金等物质条件，在生源的争夺上处于优势地位。广大发展中国家和地区在国际生源争夺中处于劣势地位。典型的例子就是中国高等教育正面临大量生源流失的巨大挑战。此外，优质师资的竞争也日趋激烈，全球化时代让人才之间的流动不仅打破了国别界限，更打破了行业之间的界限，各个国家和地区的高等教育机构不仅面临来自国际间对优质教师资源的竞争，

---

① 参见程明明、于蕾:《高等教育全球化特征浅析》,《理论观察》2004年第4期。

还面临来自不同行业对优秀人才的争夺。因此，在这样的环境下，高等教育机构只有不断增强自身的实力，积累雄厚的办学资源以提高对优质生源和师资的吸引力，才能在竞争激烈的全球化时代得到更好的发展。

（三）公立高等教育对办学自主权的不断争取

高等教育办学自主权从法律层面上讲就是赋予大学正常运行所需的权力与能力，它具有相对性、层次性、文化性等特征，其实质是要在高等教育系统中实现权力和责任的合理配置，核心问题在于如何处理政府与高校的关系。[①] 高等教育办学自主权主要包括管理自主权和学术自主权两个大的方面。管理自主权是指高等教育机构有权力处理高校运转的日常事务，诸如校长遴选、教师聘用、学生招录、学校资产管理等，而学术自主权指高等教育机构在一定程度内享受知识传递与生产的自由与权力，如课程开设、教学内容设定、科研课题选定等。高等教育办学自主权是保证高等教育机构具有独立法人地位，维护其基本权益，保证其活力的基本手段。而要保证高校办学自主权的实现，最基本的就是要建立现代大学制度。现代大学制度的本质就是以制度的形式明确规定高校所享有权力的范围和边界，同时明确高校与政府之间的关系。

公立高等教育机构由于其举办和资助主体为政府，在办学自主权的争夺与获得方面较之私立高等教育机构来说会面临更多难题。世界公立高等教育机构从诞生之日起，便不断与政府进行着斗争与争夺，一方面，高校希望能够拥有更多的办学自主权，力求可以作为一个独

---

① 参见张振华、刘志民：《高校办学自主权：内涵、演变与启示》，《中国农业教育》2011年第1期。

立的社会机构按自身的理念、办学目标与管理模式自由地运转；另一方面，作为举办和资助主体的政府则希望高校按照政府的意愿办学，高校办学的基本目的是实现政府的公共目标和政治目标，政府不仅要控制高校的管理权，还要为高校设定教学目标、科研项目选题等。为此，在新时代背景下，公立高等教育机构如何在竞争激烈的环境中拥有更多的办学自主权就成了公立高等教育机构在当前及今后很长一段时间内面对的挑战之一。

（四）与私立高等教育之间的竞争

高等教育体系内不仅包含公立高等教育，还包括大量私立高等教育。公立高等教育与私立高等教育共存，且相互竞争、相互合作，已经成为当前世界各国和地区高等教育发展的基本现状。随着高等教育大众化的不断深入发展，私立高等教育逐渐成为高等教育体系内越来越重要的组成部分。美国高等教育肇始于诸如哈佛大学、耶鲁大学、普林斯顿大学等一批私立大学，但是对于其他大多数国家和地区来说，高等教育系统最初却大多由公立高等教育组成。但是近年来，随着高等教育大众化和商业化趋势的增强，私立高等教育的规模越来越壮大。当前，私立高等教育在全世界范围内被认为是高等教育系统重要的组成部分，特别是在西欧、拉丁美洲、亚洲、非洲等地区。① 政府之所以允许私立高等教育存在并不断发展，原因主要有以下两个方面。

一是政府政策支持私立高等教育的理由来自世界银行（World Bank）的一个研究结论，世界银行调查研究认为，高等教育的回报率

---

① 参见 D. C.Levy，"The Unanticipated Explosion: Private Higher Education's Global Surge"，*Comparative Education Review*，Vol.50，No.2（2006），pp. 217–240.

低于初级和中等教育。① 因此，世界银行建议政府，特别是建议发展中国家政府削减公共资金对高等教育的投入，以此来增加对初级和中等教育的投入力度。此外，从政府的角度看，私营投资是增加高等教育供给量的有效途径，能降低政府的公共开支。表绪－1反映了2012年在世界一些国家中私立高等教育人数占整个高等教育体系的比例情况。

表绪－1　2012年世界一些国家中私立高等教育人数占高等教育总人数的比例情况

国别	高等教育总规模（人）	私立高等教育（人）	所占百分比（%）
澳大利亚	1364203	120993	8.87
捷克	440230	62285	14.15
法国	2296306	470133	20.47
德国	2939463	376353.29	12.80
日本	3884638	3057341	78.70
韩国	3356630	2711290	80.77
墨西哥	3161195	1002828	31.72
波兰	2007212	595027	29.64
美国	20994113	5883917	28.03

（资料来源：OECD Stat Extracts: Students Enrolled by Type of Institution，见 http://stats.oecd.org/Index.aspx?DatasetCode=RENRL#.）

由表绪－1可以看出在世界各国高等教育构成中，私立高等教育不同程度地占有一定的比例，特别是日本和韩国，这两个国家的私立高等教育在校学生数几乎占入学总人数比例的80%，这说明私立高等教育在世界高等教育体系中已经占据了重要的地位，成为公立高等教育强劲的竞争对手。日本和韩国高等教育不仅面临来自国际上其他国家和地区高等教育的竞争，更面临日益发展壮大的日本和韩国私立高等教育的竞争。

---

① 参见 P. Bennell, "Using and Abusing Rates of Return: A Critique of the World Bank's 1995 Education Sector Review", *International Journal of Educational Development,* Vol.16, No.3(1995), pp. 235–248.

二、2004年法人化改革后日本公立高等教育财政改革的重大突破

公立高等教育面临来自各方面逐渐加剧的压力，变革成了世界各国公立高等教育共同选择的道路。这种变革有来自政府主导的自上而下的改革，也有以公立高等教育自身为变革主体的自下而上的改革，但大多数情况下，较为有效的模式是在政府主导下，高等教育机构积极参与的模式。在知识经济时代，社会对从事知识生产、人才培养活动的大学充满了期待，尤其是在国际竞争日益激烈、经济全球化的大趋势下，大学已不再是"象牙塔"了，各个国家和地区都将其发展与高等教育紧密地联系在一起，使高等教育成为国际竞争的有力武器。在这一趋势下，日本也不例外。日本政府积极探索日本高等教育特别是公立高等教育做大做强之道。在经济衰退、行政改革、少子化等问题对日本社会发展影响较为严重的背景下，日本开启了面向21世纪重塑国家形象和增加国家竞争力的一系列改革，而其中最为重要的便是教育改革，尤其是国立大学的法人化改革。国立大学不再是改革的"禁区"，日本政府甚至提出了"大学之变，方变日本"的宏伟口号。①

于2004年开启的日本大学法人化改革是对日本公立大学全方位、立体性的改革，不仅涉及政府、社会、私立大学与公立大学关系的重构，还涉及高校内部治理结构的巨大变革。主要体现在：大学理念从"自在"逐步走向"自为"；文部科学省与大学关系从"直接控制"转变为"间接控制"；大学内部决策程序从"自下而上"变革为"自上而

---

① 参见施雨丹：《面向21世纪日本国立大学的制度选择与创新》，《高教探索》2008年第5期。

下";教师身份从"公务员"变为"雇员"。① 在法人化改革之前,日本国立大学办学经费主要来自政府,政府不仅是国立大学的举办者,也是资源提供者,这使得大学缺少办学活力,在国际国内竞争日益激烈的背景下,国立大学的竞争力日益萎缩。同时日本经济发展的长期低迷导致政府财政收入不断减少,以致政府财政对国立高等教育的资助日益成为其沉重的负担。因此,日本国立大学法人化改革就是在政府的主导下,将国立大学纳入以"市场与竞争"为基础的、新型的"开放体系"社会秩序中,通过提高国立大学运作的合理化与效率化,来实现为公共财政减负的主要目的。② 因此,日本国立大学法人化改革中对国立大学财政资助制度的改革具有极为重要的意义,改革虽然面临着很大的阻力,但也取得了较大的成功。

日本于 2004 年推出法人化改革后,国立大学的财政收入结构发生了一定程度的变化,主要表现在政府拨款和外部资金两方面。政府拨款机制发生了变化,逐渐引入竞争机制,且国立大学从政府所获资金数量逐年下降,这就要求国立大学必须积极开拓外部资金以保证学校的正常运转,日本国立大学的财政管理模式从"行政隶属型"转变为"评估 + 自主型"。"评估 + 自主型"的财政管理模式首先体现在政府拨款的标准和数量建立在严格的评估基础之上,实行"先借款、再评估、后结算"的年度会计制度。政府拨款包括运营费交付金和设施建设维修费两项,运营费交付金又包括标准运营费交付金、附属医院运营费交付金和特殊运营费交付金三项。标准运营费交付金按照统一的

---

① 参见丁建洋:《作为历史的转折:日本国立大学法人化改革六年述评》,《高教探索》2010 年第 2 期。
② 参见[日]天野郁夫:《日本国立大学的法人化:现状与课题》,鲍威译,《北京大学教育评论》2006 年第 2 期。

标准向各法人支付。附属医院运营费交付金根据是否设有附属医院而决定是否支付。特殊运营费交付金则根据法人具体办学业绩进行差别化、竞争性的拨款，总体上采用一定的效率化系数，每年实行 1% 左右的减额。所以特殊运营费交付金是将竞争机制引入政府对国立大学的拨款之中，以此增强国立大学之间的竞争力和活力。

财政管理模式的自主性主要体现在外部资金部分。法人的外部资金主要包括附属医院收入、学费收入、外部受托研究收入以及社会捐赠收入。法人化改革前这部分资金统一纳入国库进行重新分配，法人化改革后由法人自主管理，其中附属医院收入、学费收入在核算运营费交付金过程中扣除，而外部受托研究收入和社会捐赠收入则不在核算运营费交付金过程中扣除。由于外部受托研究（包括共同研究）收入和社会捐赠收入并不在核算运营费交付金过程中扣除，所以这两项收入是法人实现增收的最大空间和主要途径，因此也是各高校之间竞争和争夺最为激烈的领域。以日本北海道大学为例（如图绪 -1 所示），从 2004—2017 年，随着政府拨款不断减少，学校积极拓展非政府办

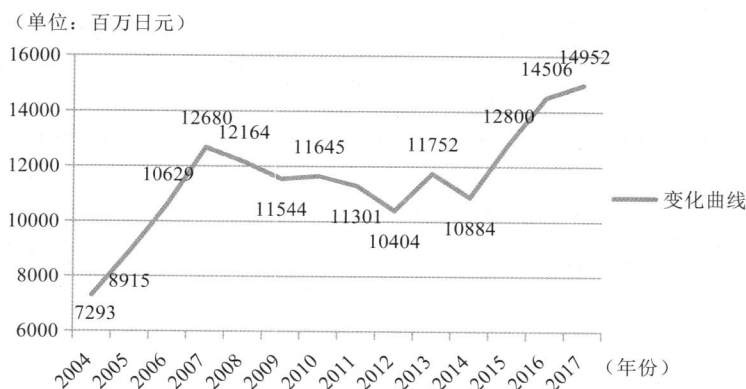

图绪 -1 北海道大学产学研及捐赠收入情况

（数据来源：根据北海道大学年度财务报表整理所得。）

学经费，使得非政府办学经费得到了快速和相对稳定的增长。

此外，日本文部科学省也对日本各层次公立大学在法人化改革后，即2005—2010年这六年之间对竞争的资金以及外部资金收益的增幅情况做了一个统计。从统计的情况看，不同类型和层次的公立高校对外部资金的获取存在较大的差异，其中大规模的综合性公立大学在对外部资金的获取上具有很大的优势，而一些单科性学校以及没有医学学科的学校外部资金的增长幅度便很小。由此可见，日本国立大学法人化改革对不同层次和类型的大学的影响程度是不一样的，其中大规模综合性国立大学在对外部资金的获取上显示出了超强的实力，如表绪-2所示。

表绪-2　2005—2010年，日本公立大学竞争的资金收益增减情况（数据单位：百万日元）

	大学数（所）	2005年	2010年	增减额	校均增减额
A类大学	6	953	1972	1019	169.8
B类大学	11	17	37	20	1.8
C类大学	25	384	706	322	12.9
D类大学	9	64	132	68	7.6

注释：A类大学（大规模综合性大学）：北海道大学、东京大学、东北大学、名古屋大学、大阪大学、九州大学

B类大学（单科大学）：北海道教育大学、宫城教育大学、东京学艺大学、上越教育大学、爱知教育大学、京都教育大学、大阪教育大学、兵库教育大学、奈良教育大学、鸣门教育大学、福冈教育大学

C类大学（拥有医科的中等规模综合大学）：弘前大学、秋田大学、山形大学、群马大学、富山大学、金泽大学、福井大学、山梨大学、信州大学、岐阜大学、三重大学、鸟取大学、岛根大学、山口大学、德岛大学、香川大学、爱媛大学、高知大学、佐贺大学、长崎大学、熊本大学、大分大学、宫崎大学、鹿儿岛大学、琉球大学

D类大学（无医学科的中等规模综合大学）：岩手大学、茨城大学、宇都宫大学、埼玉大学、茶水女子大学、横滨国立大学、静冈大学、奈良女子大学、和歌山大学

（资料来源：文部科学省国立大学法人化2010年度财务报告。）

同时，2010年日本文部科学省对法人化改革后各国立大学作了一次较为全面的中期评估，以从整体上把握法人化改革的成效。其具体情况如表绪-3所示。

表绪 -3　关于日本国立大学中期目标实现情况的评价（数据单位：所）

评价领域	十分优秀	良好	基本良好	欠缺	有须重大改进事项
教育（成果、内容、体制等）	1	12	77	0	0
研究（水平、成果、体制等）	4	28	58	0	0
与社会合作、国际交流	2	38	50	0	0
事业运营的改善、效率化	28	48	13	1	0
财务状况的改善	3	79	7	1	0
自我评价、信息公开	0	88	1	1	0
校舍设备完善、安全管理	3	75	9	3	0

（资料来源：国立大学法人评价委员会：《国立大学法人第 1 期中期目标业务和实绩之关系评价概要》，见 http://www.mext.go.jp/component/a_menu/education/detail/__icsFiles/afieldfile/2011/05/25/1306345_1.pdf。）

从上表可以清晰地看出，在"财务状况的改善"一栏中十分优秀者有 3 所，良好者达到了 79 所，欠缺的仅有 1 所。由此可见，法人化改革后，在政府直接拨款不断下降的背景下各国立大学的财务状况并未恶化，大多数国立大学可以通过积极运营和拓展非政府办学经费来不断应对制度设计所带来的挑战和压力。

三、基于个人的研究兴趣和我国高等教育发展的现实需求

"兴趣是最好的老师"，对于知识的学习如此，对开展研究工作同样如此，因为将研究课题与个人兴趣相结合能激发研究者最大的研究动机，调动最大的研究潜能。多年来，笔者一直关注中国现代大学制度建设和世界一流大学建设这两个领域。希望通过研究探索出中国高等教育究竟要通过什么样的具体制度设计和战略调整才能实现建设现代大学制度，并最终实现建设世界一流大学的目标。现代大学制度建设是一个系统工程，包含众多子系统，诸如校长遴选与聘任制度、教师身份与聘任制度、学术管理制度、招生考试制度、财政管理制度等。

要就现代大学制度作出思考和研究，就必须对这个系统内的各个子系统进行深入的研究。为此，笔者将研究的兴趣放在了现代大学财政管理制度上，且认为拥有雄厚的物质基础和现代财经管理制度是建设现代大学制度并实现建设世界一流大学的基础。日本高等教育发展水平在亚洲地区处于领先地位，甚至在世界范围内也能占有一席之地。在2004年日本实施国立大学法人化改革（即日本国立大学现代大学制度建设）后，日本高等教育的方方面面均发生了巨大的变革，这些变革有失败的教训，但更多的是成功的经验。法人化改革后，日本高等教育竞争力进一步增强，已经有一批大学的实力达到了世界一流甚至顶尖水平，为21世纪日本在教育科技等领域继续保持世界领先地位奠定了基础。在日本大学法人化改革过程中，国立大学财政管理制度的变革是法人化改革能否成功的决定性因素，同时也是阻力和争议最大的因素。但是法人化改革后，不仅降低了公共财政对国立大学的资助力度，国立大学的办学经费总额也不断提高，原因是法人化改革授予了各国立大学对非政府拨款办学经费的拓展和使用权力，此举极大地激发了国立大学开拓外部资金的积极性。因此，这激发了笔者对日本国立大学法人化改革后，国立大学对于非政府拨款办学经费开拓渠道的研究兴趣，希望通过研究能发现日本国立大学非政府拨款办学经费开拓渠道成功与失败两方面的经验与教训。

当前我国处于加快建设世界一流大学与一流学科的新阶段，除了要加强制度建设外，夯实物质基础同样关键。在"双一流"建设过程中，开展筹资活动不仅能够进一步夯实学校的物质基础，还能够激发办学主体的办学活力和主动性，如更加注重开展高质量和多种形式的社会服务，更加注重对校友的关注和支持，更加注重对在读学生就读体验的提升等。公立高校通过开展筹资活动，还能够倒逼办学者更新办学理念，提升办学质量，激发办学活力与动力等。《统筹推进世界一流大学和一流学科建设总体方案》也指出："建设世界一流大学和一流学科是一项长期任务，需要各方共同努力，完善政府、社会、学校相结合的共建机制，形成多元化投入、合力支持的格局……高校要不断拓宽筹资渠道，积极吸引社会捐赠，扩大社会合作，健全社会支持长效机制，多渠道汇聚资源，增强自我发展能力。"

综上所述，当前，公立高等教育面临各方面的压力，既有外部社会对大学的压力，也有大学自身求新求变带来的变革需求。而这些压力归结到一点，就是在资源紧缺的前提下，在政府公共拨款越来越难以满足高校办学需求的现实情况下，大学需要通过开展一系列筹资活动弥补公共办学经费不足的缺口，并在此过程中激发学校办学活力和内生动力，如提高公共服务意识与能力，提升人才培养质量，树立服务校友事业发展的意识等。日本国立大学法人化改革是日本政府顺应时代发展在高等教育领域开启的重要改革，其目的之一就在于减轻政府公共财政负担的同时树立日本公立大学的办学主体意识，激发办学内生活力和动力。其改革的重要政策工具之一就是逐年按1%的比例递减政府对于公立大学的直接拨款，转而形成竞争性经费；或者要求大学通过自筹经费的形式予以弥补。为此，通过对日本国立大学法人化改革后应对财政压力的研究，期待能对当前我国"双一流"建设有所启示和借鉴。

日本国立大学法人化改革后非政府办学经费拓展的经验是什么？其成效如何？还存在哪些问题？本书将围绕如下几个方面展开论述：（1）从理论上论述公立大学拓展非政府办学经费的合法性和合理性基础；（2）从历史的视角考察日本国立大学财政制度变革的历史脉络，从中找寻财政制度变革的基本规律和特征；（3）借助财务分析的一般方法，通过对日本七所旧时国立大学法人化改革后财政状况的分析，全面扫描法人化改革对其财务带来的变化；（4）以七所国立大学之一的北海道大学作为个案加以研究，从微观视角分析学校如何应对财政压力，以及在开展非政府办学经费拓展过程中的一些经验和存在的问题。

第一章 公立高等教育开展非政府办学经费拓展的理论基础

本书将以高等教育成本分担理论（The Theory of Cost Sharing of Higher Education）和资源依赖理论（Resource Dependence Theory）作为支撑整个研究的理论基础。适切研究理论的选用不仅能为本研究提供合法性和合理性的解释，还能提升研究的品质。之所以选取这两个理论为本研究的理论基础，主要是因为：首先，这两个理论发展较为成熟，有完整的理论结构（包含严密的理论逻辑、理论观点、解释路径等）。其次，高等教育成本分担理论能富有解释力地阐释为什么当前公立高校会不断拓展非政府办学经费，主要承担起回答"为什么"的问题，即为什么公立高校要积极拓展非政府办学经费。最后，资源依赖理论主要回答"怎么样"的问题，即在出现了公立高等教育积极拓展非政府办学经费时，公立高校教育本身会出现怎么样的变革。通过资源依赖理论的视角，可以较为清晰地解释为什么会发生这些变革。

第一节　高等教育成本分担理论

一、高等教育成本分担是高等教育发展的必然要求

高等教育机构从诞生至今已有一千余年历史，且经历了人类社会发展的诸多阶段，不同社会发展阶段有不同的社会文化和经济结构，高等教育机构总是能积极进行自我调整以增强其适应性，所以高等教育作为一个机构在世界范围内不断发展壮大，现在已成为人类文明传承和进步、人才培养、国家和地区间加强交流和增进理解最为重要的机构之一。高等教育之所以具有如此强大的生命力，关键一点便是其具有极强的适应性，能根据一定时期的社会经济文化发展状况及时调整机构内各种关系，诸如办学目标、课程设置、管理模式等。因此，高等教育为适应当前社会经济文化发展状况，必须积极作出调整和变革。而其面临的最大状况便是不断紧缩的办学资源和来自国内和国际日益加剧的竞争，其中对于公立高等教育机构来说，紧缩的办学资源集中体现在来自政府的公共投入不断减少。公立高等教育机构要想更好地生存下去，就必须积极探寻新的经费组织模式，因此高等教育成本分担便成为必然要求。此外，高等教育特别是公立高等教育的准公共属性被广泛地接受，按照"谁受益谁买单"的基本原则，只要是高等教育的受益主体，按受益程度和比例多少，均应该相应地承担高等教育成本。最后，公立高等教育在当前还面临来自各方面的竞争压力，有来自私立高等教育的竞争压力，还有来自其他国家和地区对生源、师资、

资源等的争夺和竞争等压力。一个国家和地区的公立高等教育要想发展壮大，并在当前竞争激烈的环境下立于不败之地，就必须不断拓宽办学经费的来源渠道，因此高等教育成本分担也成为必然之举。

二、高等教育成本分担理论的提出

20世纪五六十年代，世界各国普遍实行免费的高等教育，政府对高等教育的公共开支高速增长。舒尔茨、弗里德曼、撒哈罗普勒斯、伍德霍尔等人都对政府投资高等教育这种慷慨的模式提出批评意见，认为这种模式既不符合公平原则，也不符合效率原则。20世纪70年代经历了全球性经济危机后，各国财政状况的恶化带来了公共教育经费的大幅削减，不少国家的高等教育财政陷入严重危机之中。各国和地区政府对公立高等教育的财政资助制度正是在这一背景下发生了巨大变革。高等教育成本分担理论正是在这一背景下被学者提出，并逐渐成为这一变革的理论基础的。

"成本分担"这一术语最早是美国加利福尼亚州在20世纪60年代制定高等教育发展规划时使用的，但在当时并没有产生太大的影响。20世纪70年代初，美国著名教育经济学家D.布鲁斯·约翰斯通（D.Bruce Johnstone）在研究大学生资助政策的过程中，将"成本分担"作为一个基本的概念使用。他以高等教育成本构成的视角，要求承担高等教育直接成本不足的社会群体增加成本分担份额。高等教育成本分担理论于1984年秋被正式提出，时任美国纽约州立大学布法罗分校校长的D.布鲁斯·约翰斯通在美国科罗拉多召开的主题为"2000年议程"的会议上首次提出"高等教育成本分担理论"（Cost Sharing）。1986年，他在著作《高等教育的成本分担：英国、联邦德国、法国、瑞典和美国的学生财政资助》中作了详细的论述。该理论认为，高等教育成本应由纳税人、学生、学生家长和社会人士分担。高等教育的成本分担理论所依据的价值基础就是：高等教育是有投资、有收益的活动，满足了多个主体的需要，其受益主体包括国家（政府）、受教育者个人、纳税人、企业、家庭、大学等，根据市场经济谁受益谁付款的基本原则，高等教育的成本必须由所有这些受益主体分担。其理论依据为利益获得原则和能力支付原则。[①] 由于成本分担理论不仅符合高等教育的准公共属性，还能在很大程度上解决日益严峻的高等教育财政危机，因此，高等教育成本分担理论从诞生之日起就在全球高等教育理论和实践界获得了广泛认同，并被迅速推广开来。

三、高等教育成本分担理论的基本内容

（一）高等教育成本的构成和结构

约翰斯通认为："从某种意义上，高等教育的成本已经成了解决其他问题，诸如教育质量、扩大招生、促进公平、管理效率和国家承担能力的关键部分。"他认为，20 世纪 80 年代初，人们对高等教育成本的认识还不足，对高等教育成本的意义以及成本构成还众说纷纭。他在研究中把高等教育成本分成以下三大类。[②]

第一类是教学成本（costs of instruction）：包含由大学教学支付的费用，主要有教师工资、教辅人员工资、图书杂志、仪器设备、教学用建

---

① 参见 D.Bruce Johnstone，*Sharing the Costs of Higher Education: Student Financial Assistance in the United Kingdom, the Federal Republic of Germany, France, Sweden, and United States*，New York: College Board, 1986, p. 89.

② 参见 D.Bruce Johnstone，*Sharing the Costs of Higher Education: Student Financial Assistance in the United Kingdom, the Federal Republic of Germany, France, Sweden, and United States*，New York: College Board, 1986, p. 101.

筑、水电费用等。第二类是学生生活成本（costs of student living）：包含着由学生和家长为学生的住房、伙食、日常生活开支以及学习需要的书本、文具、往返交通支付的费用等。第三类是学生所付出的机会成本，即学生因为上学而放弃的潜在的收入（student foregone earnings）：由于"成本"本身也是对放弃用此经费去从事另一项活动的比较测算，学生放弃的收入至少在理论上可以算作一种高等教育的成本。学生为了上大学而不参加生产劳动从而损失了个人收入，同时社会也损失了实际的劳动生产力和国民收入。在需要大批非技术工人、失业率又低的工业化社会中，社会的损失更大。

约翰斯通在厘清了高等教育的三大类成本后，作了成本分担情况的分析。他首先将教学成本、学生生活成本和放弃的收入分解为成本结构中的六个层次（如图1-1）。

理论上的教育总成本。包括教学成本、学生图书文具成本和机会成本，但不包括食宿成本，因为不管是否接受高等教育，这部分费用总是存在的。

高等教育的总货币成本。包括所有必须为高等教育支付的货币，但是不包括放弃的收入，因为这部分成本并不参与货币交易。

高等教育的净货币成本。不包括基本生活支出成本，因为这些开支也出现在其他活动中，并不真正专属于上大学的开支。

教学成本。通过大学的支出账目反映出来。

在缴学费的条件下学生和家长承担的成本。包括生活费和学费，不管学费占教学成本的比例是多少。

在"免费"的条件下学生和家长承担的成本。不包括任何教学成本，只包括学习期间的生活成本和图书文具成本。

学生生活成本		教学成本		放弃的收入
食宿及其他生活支出	书籍文具及其他教育支出	由学杂费补偿的部分	由公共教育经费和大学其他收入补偿的部分	

1. 理论上的教育总成本

2. 高等教育的总货币成本

3. 高等教育的净货币成本

4. 大学支出账目上反映出的成本

5. 缴学费时家长和学生承担的成本

6. 不缴学费时家长和学生承担的成本

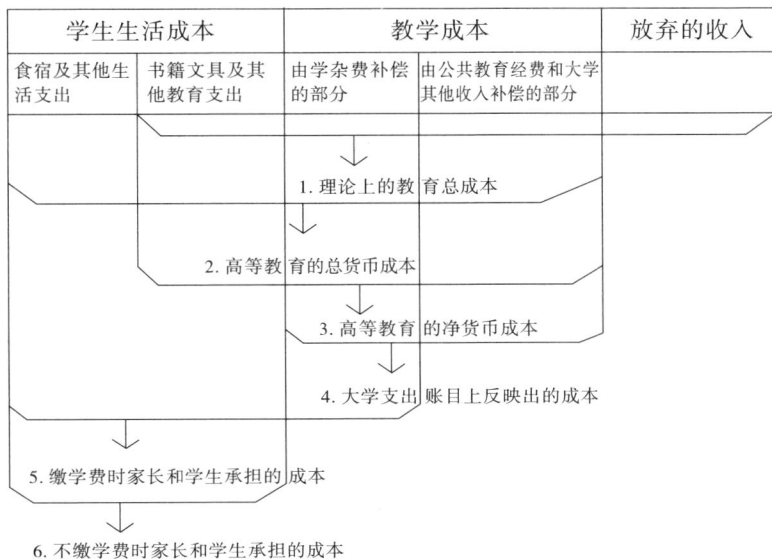

图 1-1 高等教育成本结构示意图

（资料来源：D. Bruce Johnstone，*Sharing the Costs of Higher Education: Student Financial Assistance in the United Kingdom, the Federal Republic of Germany, France,Sweden, and United States*，New York: College Board,1986,p.107. ）

（二）高等教育成本分担的主体

约翰斯通将高等教育成本分担主体分为政府、纳税人，学生家长，学生，个人或机构捐助者。约翰斯通认为："无论在什么社会、体制和国家中，高等教育的成本都必须由这四个方面的资源来分担。"[①]

1. 政府、纳税人。许多市场经济的相关经济学家认为，公共资金的主要来源渠道为纳税人而非"政府"。政府通过征税的方式获得收入，从而支付给高等教育机构，承担起高等教育的办学成本。

2. 学生家长。学生家长是教育成本分担的另一大主体，他们通过为学

---

① ［美］D. 布鲁斯·约翰斯通：《高等教育成本分担中的财政与政治》，李红桃、沈红译，《比较教育研究》2002 年第 1 期。

生支付学费和生活费的方式承担成本。

3. 学生。在现代社会，学生作为高等教育成本分担的主体越来越成为一大趋势。勤工俭学一方面能锻炼学生的自主生活能力，另一方面也能减轻家长和社会的负担，因此这一主体具有十分重要的意义。

4. 个人或机构捐助者。随着社会经济水平的发展和人们慈善意识的不断增强，这一部分也成为高等教育成本分担的重要部分。在很多国家，如美国，慈善机构捐款已经成为部分大学的主要收入来源。不断发展慈善捐赠事业也成为未来高等教育成本分担的一大趋势。

5. 企业。约翰斯通认为，企业在承担高等教育成本方面也起到了一定的作用。企业可以承担部分教学成本，有时还可以承担学生的生活成本。它们承担成本的方式包括为企业职工支付学费，向学生授予奖学金，以及向大学捐赠无特定限制的基金，大学可以利用这些资金资助学生，支付教学成本。同时，约翰斯通认为企业为大学提供资金时，实际上有多方面主体参与了资金提供。比如，消费者在购买产品和服务时支付的价格中，就间接体现了企业对大学提供的资金。因为企业向大学提供资金，企业的税赋就会下降，所以纳税人也参与了资金提供。

当然，由于受时代状况的限制，约翰斯通对高等教育成本分担的主体的认识和分类并不全面。随着社会经济的不断发展，高等教育成本分担的主体必然呈现出越来越多元化的发展趋势，其中各主体所分担的比例也相应地有所变化。所以高等教育成本分担的主体结构应该是一个开放的系统，它会随着时代的发展得到不断的丰富与完善。

（三）高等教育成本分担的理论基础

一个成熟理论的提出，必定有相应成熟的理论基础作支撑，高等教育成本分担理论也不例外，它的提出和成熟正是基于公共产品理论这一基本理论前提。

1. 公共产品理论的基本内涵

公共产品理论，是新政治经济学的一项基本理论，也是正确处理政府与市场关系、政府职能转变、构建公共财政收支、公共服务市场化的基础理论。诺贝尔奖获得者、美国著名经济学家保罗·萨缪尔森（Paul A. Samuelson）于 1954 年正式创立了公共产品理论。他认为，纯粹的公共产品应该是：每个人对它的消费不会导致别人对该产品消费的减少。[1] 纯公共产品具有非竞争性和非排他性两个基本特征。非竞争性是指在一定的条件下，对一定的公共产品而言，增加一定量的消费者，产品成本不变，即边际成本为零，因此产品具有共同消费、共同受益的特点。非排他性是指受益人在享受公共产品服务时，不能将其他消费者排除在外而使他们不能或者减少受益。[2] 同时，研究者根据非竞争性和非排他性的程度，将公共产品分为纯公共产品和准公共产品两类。

根据萨缪尔森的理论，人们发现，在现实生活中纯公共产品很少。1973 年，桑德莫（Paul A. Sandmo）着重从消费者的角度研究了准公共产品（Quasi-Public Goods），认为这种产品具有局部的排他性和非竞争性，它们兼有私人产品和公共产品的特点。识别公共产品时首先要分析该产品的消费是否存在竞争性，存在竞争性的产品必定不属于公共产品。然后，分析它是否具有排他性，如果有，或者排他成本很高，则不是公共产品。桑德莫认为，在通常情况下，商品都具有准公共产品的特性，即都处于纯公共产品和私人产品之间的某个位置上。越靠近公共产品这一端，这种商

---

① 参见 Paul A. Samuelson, "The Pure Theory of Public Expenditure", *The Review of Economics and Statistics*, Vol.36, No.4（1954）, pp. 387–389.

② 参见 Paul A. Samuelson, "The Pure Theory of Public Expenditure", *The Review of Economics and Statistics*, Vol.36, No.4（1954）, pp. 387–389.

品供给就越适用于公共产品供给理论，国家对它的财政支持就可以更多一些，个人承担的费用就少一些。相反，越靠近私人产品那一端，则越适用于私人产品供给理论，国家可能很少或者不给予经济支持，个人为了享受这种商品服务，就需要支付部分或全部价格。[①]

2. 高等教育属性分析

基于公共产品理论，对高等教育的基本属性进行分析后，便可判断高等教育属于公共产品还是准公共产品，而高等教育成本分担理论正是基于此提出了成本分担理论。阿特巴赫认为，目前人们逐渐倾向于将教育看作是一种可以购买的"商品"，并在此基础上形成了一套自己的技术。教育的商品化对大学乃至现代社会公民权的思考产生了重要影响。[②] 高等教育在消费上具备鲜明的排他性和竞争性（有限的高等教育产品，特别是优质高等教育产品供给不可能满足全社会所有消费者对高等教育的需求），在受益上具备鲜明的外部性（接受高等教育的人越多，社会的知识积累和道德水准也将相对越多、越高，从而有利于整个社会的文明发展）。在实践中，高等教育的部分成本也来自其他纳税人和利益主体，因此高等教育具有典型的准公共产品的特征，这正是实行高等教育成本分担的基本理论依据。

首先，高等教育具有明显的排他性。高等学校提供的是一种高等教育服务，其直接产出是学生的知识和能力的增长、思想品德修养的提高，即向求学者传授知识技能，或者说是社会人力资本。这些知识和技能应用到社会生产和生活中，会给受教育者和社会同时带来一定的收益，这是大学

---

① 参见世界银行编著：《1997年世界发展报告：变革世界中的政府》，蔡秋生等译，中国财政经济出版社1997年版，第123页。

② 参见〔美〕菲利普·G. 阿特巴赫：《作为国际商品的知识与教育：公共产品的消解》，覃文珍译，《北京大学教育评论》2003年第1期。

区别于其他社会机构的本质属性。同时，高等教育又具有明显的排他性。高等教育资源（特别是优质高等教育资源）的有限性决定了必须将一部分人排除在高等教育门槛之外。一是高等教育选拔机制的排他性。大学通过一定的选拔制度将符合条件的学生录取到本校，使他们有机会享受本校的教育服务，而另外一些学生则被拒绝。二是高等教育收费制度的排他性。随着收费制度的广泛引入，学费的不断上涨已经成为一大基本趋势，高等教育收费的排斥作用日趋增强。这些都体现了高等教育的非公共产品属性。

其次，高等教育具有竞争性特征。随着社会经济的发展，高等教育资源的供给量不断增加，在当今世界范围内，特别是在一些发达国家和地区，高等教育已基本实现了普及化，一些发展中国家也基本实现了高等教育大众化。民众对高等教育资源获取的难度大大降低，其竞争难度也随之降低。但并不能因此否认高等教育所具有的竞争性的基本特征，特别是对于一些优质高等教育资源来说，其依然属于稀缺资源，竞争性依然很强，需要竞争者动用很多方面的资源才有机会获得。

最后，高等教育还具有收益和成本的外部性特征。外部性理论是由福利经济学家庇古（A. C. Pigou）提出的。[1]另一位经济学家米德认为，外部性"使得一个或一些在作出直接或间接导致这一事件的决定时，根本没有参与的人，得到可以觉察的利益或蒙受可觉察的损失"[2]，是某种经济交易行为所产生的收益落在交易之外不相关的第三者身上，使他无辜受害或者无偿受益。高等教育收益具有巨大的正外部效应，如推动整个社会文明程度的提高，减少犯罪率，改善收入分配不均衡等。从整体上来看，高等教育的个人收益和外部收益呈正相关关系，即个人的教育

---

[1] 参见 A. C. Pigou, *The Economics of Welfare*, London: Macmillan, 1920, p. 56.
[2]［英］詹姆斯·E. 米德：《效率、公平与产权》，施仁译，北京经济学院出版社1992年版，第30页。

收益率越高，社会整体的收益率也越高。此外，高等教育的成本也具有很强的外部性，高等教育的成本并非由受益者个人完全承担，而是部分地由其他主体所承担。

综上所述，高等教育产品既不像纯私人产品那样具有完全的竞争性和排他性，也并非如公共产品那样完全不具有排他性和竞争性。它同时兼有私人产品和公共产品的基本属性，因此被纳入准公共产品的范畴。同时高等教育的收益虽然具有很大的正外部性，社会收益大于个人收益，但高等教育接受者从中得到的个人收益，诸如较高的社会地位、较丰厚的工资收入、较好的工作环境等是完全可以内化的，高等教育的个人收益也是很明显的。这就决定了高等教育的成本分担，若单独由国家承担则会出现高等教育供给不足的问题，单独由个人负担则会使大量低收入者被排斥在高等教育门槛之外，因此，高等教育的成本就应该由多主体共同承担，包括国家、受教育者个人、家长、社会各界等。

四、非政府办学经费拓展的合法性基础：基于成本分担理论的解释

"合法性"概念在社会科学（社会学、政治学等）中的使用有广义和狭义之分。广义的合法性概念被用于讨论社会的秩序、规范，或规范系统。狭义的合法性概念被用于理解国家的统治类型或政治秩序。在英文中"合法性"（legitimacy）是一个词，而在中文中，其主要部分由"合"与"法"组成，单从字面意思讲，中文的"合法性"暗含的意思是"对某一个'法'的符合程度"。因此，公立高校非政府办学经费拓展这一行为的合法性，也就表示对某一个"法"的符合程度。而这个所谓的"法"也是随着社会经济文化的发展以及人类的认识水平而不断变化发展，其内涵和

外延不断得到改变和丰富的。

　　一直以来，高等教育特别是公立高等教育都被认为属于国家公共事业的一部分，和其他诸如国防、消防、治安维护等具有同样的性质，其管理方式也大同小异。因此，公立高等教育成为国家公共事业的一部分，其办学经费基本来自政府的公共开支，其管理人员的配置、教师招聘、招生录取等也都在国家的统一安排和控制下进行。在这种办学模式下，公立高等教育所遵循的基本的"法"便是：严格按照政府的行政指令组织教学、研究以及社会服务等，其课程设置、招生录取人数的规模和规格、办学经费的来源和使用等均在政府的严密控制之下，超越这一界限的行为均不具有合法性基础。

　　但随着时代的发展，公立高等教育在面临变化了的现实情况时，其基本的组织管理行为也要发生相应的改变，其中对办学经费的管理和组织便是重要的一个方面，公立高等教育现在及未来的发展将越来越依赖于通过各种手段对非政府办学经费的拓展和使用。因此，在理论上就必须为公立高校对非政府办学经费的拓展行为寻找合法性基础，其合法性中的"法"就必须突破传统公立高等教育所遵循的"法"。高等教育成本分担理论正是这一新的"法"的理论基础，因为其对公立高等教育的基本属性有了全新的认识。公立高等教育的准公共性属性认为，公立高等教育有多个受益主体，每个受益主体均应按比例承担相应的办学成本。换言之，公立高等教育非政府办学经费拓展行为的根本合法性就在于公立高等教育办学成本应该由各受益主体承担，而并非只由政府或者受教育者承担。

第二节　资源依赖理论

高等教育成本分担理论，很好地回答了"为什么"这一问题，即为什么存在公立高等教育积极拓展非政府办学经费的行为。在从理论上对"为什么"作出分析后，便需要从理论上对"怎么样"的问题有所探究，即公立高等教育在拓展非政府办学经费时与组织外部环境有怎样的关系模式，其组织行为模式、组织理念及制度等发生了怎样的变革。要对这些问题作出深入的探究和回答，便需以资源依赖理论为理论视角，从理论上回答组织与组织环境有什么样的关系及互动模式，其变革遵循什么样的基本规律。

一、资源依赖理论的提出

早期的组织理论家主要将研究的重心放在对组织内部相关问题和关系的探索上，诸如组织的内部结构与制度建设、组织内部员工激励等，而对组织外部环境及组织与外部环境之间的关系关注较少，忽视了对组织外部环境的研究和组织与其关系的探索，这种研究模式通常被称为封闭系统模式。20 世纪 60 年代以后，环境对组织的影响、组织与环境的关系问题日趋成为研究的热点和重点领域，将组织与其环境联系起来的观点被称为开放系统模式，其中以资源依赖理论、种群生态理论和新制度主义理论最为盛行。而资源依赖理论最为集中和深入地研究和探讨了组织与环境的关系，成为当代研究组织环境问题最为重要的基础理论之一。资源依赖理论属于组织理论的重要理论流派，是研究组织变迁活动的一个重要理论，萌芽于 20 世纪 40 年代，在 20 世纪 70 年代以后被广泛应用于组织关系的研究中，目前与新制度主义理论并列为组织研究中两个重要的流派。其主要代表著作是杰弗里·菲佛（Jeffrey Pfeffer）与杰勒尔德·R.萨兰基克（Gerald R. Salancik）1978 年出版的 *The External Control of Organizations:A Resource Dependence Perspective*。资源依赖理论提出了四个重要假设：组织最重要的是关心生存；为了生存，组织需要资源，而组织自己通常不能生产这些资源；组织必须与它所依赖的环境中的因素互动，这些因素通常包含于其他组织；组织生存建立在一个控制它与其他组织关系的能力基础之上。[①] 资源依赖理论的核心假设是组织需要通过获取环境中的资源来维持生存，没有组织是自给的，都要与环境进行交换。菲佛提出应当把组织视为政治行动者，而不仅仅是完成任务的工作组织。因此，早期的组织间关系的研究以资源依赖理论为基础。

二、资源依赖理论的发展历程及基本内容

（一）资源依赖理论的理论渊源

从人类作为一种独特的具有自我意识，能创造和使用工具的种族出现开始，人们便开始要处理人与人之间的关系，从最初原始人处理最简单的诸如食物分配的关系到当代人处理各种高度复杂的人际关系，人类对处理人与人之间关系的能力不断增强，无论在实践上还是理论上都有了丰富的

---

① 参见 J. Pfeffer, G. R. Salancik, *The External Control of Organizations: A Resource Dependence Perspective*, New York: Harper and Row, 1978, pp. 54–78.

经验积累。同样地,人类从建立起第一个组织开始便要处理组织内外的各种关系,如组织内部的各种关系处理、组织与组织环境的关系处理、组织与组织间的关系处理等。因此,组织关系处理的理论和实践也经历了从简单到复杂,从封闭到开放这样一个基本历程。在此仅简要介绍组织管理的理论渊源,以从宏观上纵向把握组织理论发展的基本脉络和规律。

组织间关系的研究有三个不同的理论渊源:一是以马克思和韦伯为代表的古典社会学理论;二是组织理论中对封闭系统模式的回应所产生的相关理论;三是社会心理学中的社会交换理论,其中最具代表性的理论便是资源依赖理论。

现代科学社会主义理论奠基者马克思关于劳动异化理论对组织内部各种关系的研究具有深远的影响。虽然他没有发展出一套系统的组织理论模型,但其在经典著作《资本论》中提出,资本家以科层组织为工具来控制工人。[①] 一些社会科学家以此为基础,从 20 世纪 70 年代开始分析资本主义政治经济中的大型组织,马克思的理论至少为后来的组织研究提供了这样几个核心概念:控制、合作、冲突、权力分配、组织与环境,并为工业社会学、组织研究中的冲突理论提供了丰富的理论基础。[②]

韦伯在《经济与社会》中比较系统地阐述了"理想类型"的科层组织理论。[③] 韦伯认为,和封建社会相比而言,工业化社会的首要特点便是走向"理想"的社会和经济,科层组织理论的兴起明确地表明了西方社会发展日益增强的理性化特点。[④] 韦伯的科层组织理论在同一时期的组织关系

---

① 参见马迎贤:《资源依赖理论的发展和贡献评析》,《甘肃社会科学》2005 年第 1 期。
② 参见邱泽奇:《在工厂化和网络化的背后——组织理论的发展与困境》,《社会学研究》1999 年第 4 期。
③ 参见马迎贤:《资源依赖理论的发展和贡献评析》,《甘肃社会科学》2005 年第 1 期。
④ 参见马迎贤:《资源依赖理论的发展和贡献评析》,《甘肃社会科学》2005 年第 1 期。

研究中处于最重要的地位，对组织关系研究作出了巨大的贡献。

关于组织间关系的第二种重要视角的出现是为了回应第二次世界大战后美国占主导地位的组织理论，这一主导理论已经开始日益关注组织的内部运行。[①] 由于对这种"封闭系统"模式不满意，研究者吸收旧制度理论的著作和组织间关系的一系列早期著作，开始要求更加关注组织的运行环境。[②]

由于许多开始关注组织环境的研究者发现他们是在组织间层次上进行分析，这便使得组织间关系的第三种视角——社会交换理论——变得重要。组织理论家们吸收爱默森和布劳的阐述，开始把组织间的权力看作是组织对其他组织所掌握的资源依赖的一种函数来审视[③]，这导致了资源依赖理论的发展，这一理论是分析组织间关系最具影响力的方法之一。

（二）资源依赖理论的发展历程

任何一个成熟的理论体系都将经历一个较长的发展历程，都是建立在相关理论和实践成熟的基础之上，通过理论研究者系统的研究和总结，最后才能形成的。资源依赖理论的成长历程同样如此，也大致经历萌芽、形成、发展和成熟四个基本阶段。

1. 资源依赖理论的萌芽

1949 年，塞尔兹尼克对田纳西河流域当局的经典研究为资源依赖理论提供了坚实的基础。作为富兰克林·罗斯福新政的基石，田纳西河流域

---

① 参见 C. Perrow, "A Society of Organizations", *Theory and Society*, Vol.20, No.4（1991），pp.725–762.

② 参见 M. N. Zald, *Power and Organizations*, Nashville:Vanderbilt University Press, 2001, p.47.

③ 参见 R. M. Emerson, "Power–Dependence Relations", *American Sociological Review*, Vol.27, No.1（1962），pp.31–41.

当局在 20 世纪 30 年代发展起来，是美国建成的最大的公共机构，它把电和先进的农业技术带到了南方的农村地区。发现自己依赖于南方的地方精英，田纳西河流域当局就把他们吸收到它的决策结构中，塞尔兹尼克把这一过程称为"共同抉择"。虽然共同抉择也许会导致与被增选行动者的权力分享，但它也可能主要是一个象征性的策略。

共同抉择涉及的组织之间权力的相对平衡已经成为组织间关系分析的一个主要争论来源。

1958 年，汤普森（J. D. Thompson）和麦克埃文（W. J. McEwen）确立了组织之间合作关系的三种类型，即联盟（包括像合资企业这样的联盟）、商议（包括合同的谈判）和共同抉择（遵循塞尔兹尼克，定义为吸收潜在的干扰性因素进入一个组织的决策机构中）。[①] 1967 年，汤普森提出一个综合性的组织的权力依赖模式，吸收了爱默森、布劳的理论以及迪尔的任务环境概念（包括消费者、供给者、竞争者和管制部门）。[②] 汤普森指出：一个组织对另一个组织的依赖与这个组织对它所依赖的那个组织能够提供的资源或服务的需要成正比例，而与可替代的其他组织提供相同的资源或服务的能力成反比例。针对一个组织对其他组织潜在的屈从和替代者不稳定的可获得性所造成的困境，汤普森认为，依赖性组织的董事会通过参与所依赖组织的竞争和合作策略来保护自己组织的技术核心，像董事会这样的边界跨越单元在依赖性组织中是非常重要的。[③]

沿着这样的路线，扎尔德（M. N. Zald）引入了一种"政治经济"视

---

① 参见 J . D. Thompson, W. J. McEwen, " Organizational Goals and Environment: Goal–Setting as an Interaction Process ", *American Sociological Review*, Vol.23, No.1（1958）, pp. 23–31.

② 参见 W. R. Dill, "Environment as an Influence on Managerial Autonomy", *Administrative Science Quarterly*, Vol.2, No.4（1958）, pp. 409–443.

③ 参见 J. D. Thompson, *Organizations in Action*, New York: McGraw － Hill, 2001, p. 34.

角。虽然它的主要目的是解释组织变迁的方向和过程，但是这一方法着重于组织内外的政治结构。与汤普森的模式一致，焦点组织的自主性被削弱，因为对资源的控制（和与之伴随的制裁），掌握在另一个组织的手中。为了解决这一问题，组织从事于正式或非正式的联盟，包括横向联盟和纵向联盟。横向联盟发生在同一市场的参与者中，包括合法的手段，如合并，非法的手段，如价格垄断。纵向联盟发生在消费者、供给者和分销者之间，包括合并、合资企业以及共同董事会。扎尔德认为，组织可以运用正式和非正式的方式来互相影响。

2. 资源依赖理论的提出、发展和成熟

虽然以上著作使组织分析远远地脱离了封闭系统的模式，但是直到20世纪70年代，组织分析的重点才明确地转向组织间的分析层次。杰弗里·菲佛和萨兰基克是资源依赖理论的集大成者。首先，他们提出了四个重要假设：组织最重要的是关心生存；为了生存组织需要资源，而组织自己通常不能生产这些资源；因此，组织必须与它所依赖的环境中的因素互动，而这些因素通常包含于其他组织；生存因此建立在一个组织控制它与其他组织关系的能力基础之上。因为组织依赖它的环境中的因素来获得资源，这些因素能够对组织提出要求，而组织也许发现自己正试图满足这些环境因素所关切的事情。组织所需要的资源包括人员、资金、社会合法性、顾客以及技术和物资投入等。其次，他们认为，一个组织对另一个组织的依赖程度取决于三个决定性因素：资源对于组织生存的重要性；组织内部或外部一个特定群体获得或处理资源使用的程度；替代性资源来源的存在程度。如果一个组织非常需要一种专门知识，而这种知识在这个组织中又非常稀缺，并且不存在可替代的知识来源，那么这个组织将会高度依赖掌握这种知识的其他组织。[①]

资源依赖理论的一个重要特点是依赖可以是相互的。正如一个组织依赖于另一个组织，两个组织也可以同时相互依赖。当一个组织的依赖性大于另外一个组织时，权力变得不平等。吸收霍利（A. H. Hawley）的人类生态学观点，菲佛和萨兰基克区分了竞争性互依（在同一市场中运行的组织的特点）与共生性互依（交换资源对于各自生存极其重要的组织的特点）。组织能够采取许多策略来处理它们的互依性。这些策略包括合并、购并、合资企业和其他联盟形式，以及通过交叉董事会等机制来委派组织代表加入公司的决策部门。[②]

另一位组织研究者伯特（R. S. Burt）进一步提出了"结构自主性"模式来解释共同抉择和公司绩效。吸收了齐美尔、菲佛和萨兰基克的理论，伯特认为，社会网络中的行动者将会受益，只要他们避免依赖其他人，在社会结构中占据相对稀疏的（非竞争性的）位置并且受到那些占据相对拥挤的位置的行动者的依赖。应用于产业分析，伯特认为，一个产业将会有利可图，只要它是集中的（即它的成员占据相对稀疏的位置），其他产业在销售和（或）采购上高度依赖于这个产业，而这个产业在销售和采购上所依赖的那些产业是竞争性的（即它的成员占据相对拥挤的位置）。伯特指出，具有这些特点的产业，即具有较高结构自主性的产业比具有较低结构自主性的产业能够获取更多的利润。相反，只要一个产业高度依赖于另一个高度集中的产业，那么可以说后者限制着前者的发展。利用交叉作为共同抉择的指标，伯特发现，和他的假设一致，产业将试图与那些限制它

① 参见 J. Pfeffer, G. R. Salancik, *The External Control of Organizations: A Resource Dependence Perspective,* New York: Harper and Row, 1978, pp.54–78.

② 参见 A. H. Hawley, *Human Ecology,* New York: Ronald Press, 1958, p.98.

们的产业成员共同抉择。[1]

贝克尔（W. E. Baker）对公司以何种方式处理与其他公司的资源依赖关系作了更详细的探讨。[2] 事实上，这是在资源依赖视角下的一项独特研究，贝克尔的研究检验了公司与其投资银行之间的直接关系。贝克尔假设，当公司在资本和市场信息上对投资银行有高度依赖时，公司将试图与这些银行保持长期的关系。当这种依赖程度较低时，贝克尔认为它们之间的关系将是短暂的和插曲式的。这项研究显示了公司主动处理与那些控制着重要资源的公司之间关系的方式，这就超越了关于依赖和共同抉择的早期研究。

（三）资源依赖理论的基本内容

资源依赖理论的集大成者是菲佛和萨兰基克，在其共著的学术著作中，集中阐述了资源依赖理论的基本内容。

在提出资源依赖理论的基本观点时，研究者首先提出了三大基本主题。[3]

第一大主题，也是最核心的主题，论述了环境或者组织的社会环境在有关问题的决策制定过程中的重要作用。这一观点能有效地帮助我们理解包括员工雇用招聘、董事会成员构成、联盟和兼并的寻求等问题。了解组织环境的重要性在于，它是开放系统理论观点的自然延伸。该观点认为，如果想真正理解组织的抉择和行动，就应该更多地关注组织所处的位置，

---

① 参见 R. S. Burt, *Corporate Profits and Cooptation: Networks of Market Constraints and Directorate Ties, in the American Economy*, New York: Academic Press,1983, pp.91–109.

② 参见 W. E. Baker, "Market Networks and Corporate Behavior", *American Journal of Sociology*, Vol. 96, No.3（1990）, pp. 589–625.

③ 参见 J. Pfeffer, G. R. Salancik, *The External Control of Organizations: A Resource Dependence Perspective*, New York: Harper and Row, 1978, pp.54–78.

以及在该位置上的压力与限制因素，而不是将重点放在组织内部的动力机制和领导的价值观与信念之上。为此菲佛和萨兰基克认为组织根植于相互联系以及由各种各样的联系而组成的网络之中。组织所需要的各种资源，包括财政资源、物质资源以及信息资源，都是从环境中得到的，因此组织不得不依赖这些资源的外部提供者。也就是从这种意义上说，资源的依托性是这一理论的基本特点。

第二大主题认为，尽管组织明显受到所处形势和环境的制约，但还是有机会做自己的事情，如与拥有其不足资源的组织建立联盟，以获得更多临时自主权，从而获取更多符合组织利益的权力等。不可否认，由于外部限制条件对利益和决策自主权的影响，组织具有强烈的愿望，并且偶尔也有能力设法在这些限制条件中取得一席之地。

第三大主题论述了培养人们对组织内部和组织间的行为进行理解的能力的重要性。作为一种理念，社会力量的重要性在于它是对依赖和相互依赖关注的必然结果，同时也是依赖产生的限制与努力减轻这些限制的影响的结果。对这种力量的重视与经济效率用教育成本理论区分资源依赖具有一致性，它涉及买方、卖方以及竞争对手组织之间的关系。社会力量对理解组织具有重大意义的观点，与合理性或效率相比，仍然是资源依赖理论作为对组织进行研究的另一种焦点转移方式。

基于以上三大基本主题，菲佛和萨兰基克提出了资源依赖理论的四个基本假设，即组织依赖理论的核心内容。首先，组织的基本使命在于生存，积极有效的组织才能够持续地生存下去，这种有效性的获得是对需求进行管理的结果，尤其是对那些为组织提供资源和支持的团体的需求进行管理的结果；其次，组织生存的关键是获得和维持资源的能力；再次，组织为了获取所需资源，必须与环境中的其他组织进行交易，这无论是对公共组织、私人组织、小型或者大型组织来说，抑或是官僚和机构组织来说，都是真实的情况；最后，组织生存因此建立在一个组织控制它与其他组织关系的能力基础之上。①

三、非政府办学经费拓展行为的合理性基础：基于资源依赖理论的解释

前面一节从高等教育成本分担理论的视角分析了公立高等教育为何要有积极拓展非政府办学经费的行为，解释了公立高等教育非政府办学经费拓展行为的合法性。一个良好行为的存在，不仅要具有合法性，还要具有合理性。合法性是探索该行为为什么能存在的问题，而合理性则是回答行为怎么样存在的问题，解释该行为有什么样的存在状态，是否符合事物运行的内在机理。

资源依赖理论深刻地阐释了一个组织如何生存下去的基本准则，揭示了一个组织与组织环境和其他组织之间所存在的内在关系的一般规律。因此，以资源依赖理论的理论视角来审视公立高等教育对非政府办学经费的拓展行为，就是探索该行为出现和存在的内在机理，是其合理性的基本前提。

首先，资源依赖理论认为一个组织存在的基本使命在于生存，积极有效的组织才能更好地生存下去，而这种积极有效是对组织需求有效管理的结果。公立高等教育作为存在于社会中的一个组织，和其他类型的高等教育组织和非教育领域的社会组织一样，都面临着生存的问题，而适者生存是社会运行的基本法则。公立高等教育组织要想更好地生存下去，就必须

---

① 参见 J. Pfeffer, G. R. Salancik, *The External Control of Organizations: A Resource Dependence Perspective*, New York: Harper and Row, 1978, pp.54–78.

积极有效地进行资源需求的管理，获得稳定、足量的资源来源。这就证明了公立高等教育进行非政府办学经费拓展行为的合理性。

其次，资源依赖理论认为组织生存的关键是获得和维持资源的能力。在当前竞争激烈的社会背景下，一个组织要想更好地生存下去，就必须拥有对关键资源的获得和维持的强大能力。对于公立高等教育组织来说，其生存的关键资源之一便是充足的办学经费，有充足和稳定的办学经费才能吸引一流的师资和生源、购买先进的研究设备、开展国际间广泛的学术交流活动等。在此背景下，公立高等教育对非政府办学经费的拓展，正是组织对关键资源的获得和维持能力的具体体现，符合组织生存的基本原理，具有基本的合理性基础。

再次，资源依赖理论认为组织为了获取所需资源，必须与环境中的其他组织进行交易，这无论是对公共组织、私人组织、小型或者大型组织来说，抑或是官僚和机构组织来说，都是真实的情况。公立高等教育进行广泛的非政府办学经费拓展，积极开展筹资行为，就是公立高等教育在应对日益紧缩的政府公共投资时为获取更多办学资源，与社会中其他组织进行广泛的交易和合作的表现。

最后，资源依赖理论认为组织生存建立在一个组织控制它与其他组织关系的能力基础上。一个组织要在竞争激烈的背景下很好地生存，需要积极地与社会中其他组织进行物质交换，因此便建立起不同的物质交换和资源依赖模式。一个成功的组织机构，要拥有能够主动地控制与其他组织的关系的能力。对于公立高等教育机构来说同样如此，能否在与其他组织进行物质交换时建立起具有较强控制力和主动性的关系模式，是决定公立高等教育机构能否拥有稳定、充沛和高回报率的办学资源的重要前提。

综上所述，资源依赖理论很好地揭示了组织与组织环境和其他组织之间的关系，论述了组织如何能更好地生存下去，其理论的根本目的就在于通过对组织获取生存所需的基本资源的路径阐释，较好地论述了组织要生存下去应选择的基本战略。这一理论能深刻地分析和揭示公立高等教育在拓展非政府办学经费时与其他组织存在怎样的关系模式和资源依赖模型，并能较为确切地为非政府办学经费拓展行为提出具有实践指导意义的建议和改进措施。

第二章 日本公立高等教育财政制度变革的历史考察

随着 2004 年日本国立大学法人化改革的开启，国立大学的财政和财务制度也发生了巨大的变革，然而和法人化改革本身所存在的一些问题一样，财政和财务制度变革的问题也不断浮出水面。日本的现代大学自明治时代创办以来，已有较长的发展历史。因此，现代高等教育改革中出现的诸多问题与其历史发展有密切的关系，到目前为止，在历史发展过程中包含了诸多改革成功与失败的经验与教训。因此，本章将从现代公立高等教育财政制度改革的视角来审视日本国立大学财政和财务制度变革的历史轨迹。

其中核心的问题便是不断发展的公立大学财务自主权和经济独立问题，诸如"基金制""特别会计制""讲座制""积算校费制"等已经建立的公立大学财务管理制度与法人化改革中的问题之间的密切联系。日本国立大学法人化改革的基本目标之一便是实现财政的独立和自主性。自明治时代以来，这一基本目标究竟已经发展到了一个什么样的程度？本章试图从历史的视角对隐含其中的基本线索进行探索。

第一节　日本高等教育发展史简述

特定的教育制度都是镶嵌于特定的历史发展背景之下的，日本公立高等教育的财政管理制度也不例外，也是伴随着日本公立高等教育的发展而不断作出调整和变革的。要对财政管理制度有全面、立体的认识，就需先对日本高等教育发展史有较为全面清晰的了解。

一、19 世纪末 20 世纪初日本现代高等教育的建立

日本的现代高等教育发展与中国有些类似，也创办于 19 世纪末 20 世纪初。标志着日本现代大学成立的事件是 1877 年 4 月 12 日由东京开成学校与东京医学校合并而成的东京大学的产生。日本教育史学者大久保利谦认为，东京大学的成立是日本"近代大学史上的划时代事件，可以看作最早出现的欧美型的大学"[1]。1886 年，日本近代高等教育史上的第一个大学法令——《国立大学令》颁布之后，东京大学改名为东京国立大学。[2]《国立大学令》的颁布对日本高等教育产生了重要影响，不仅意味着国立大学制度的正式创办，还确立了以发展国立大学为主要目标的基本办学思想。

---

[1] 参见［日］大久保利谦:《日本的大学》，日本玉川大学出版社 1997 年版，第 229 页。

[2] 参见［日］细谷俊夫等:《新教育学大事典》，第一法规出版株式会社 1990 年版，第 89 页。

到 19 世纪末，日本已经拥有两所冠以国立大学之名的大学，一所是东京国立大学，另一所是京都国立大学（1897 年），这两所大学日后逐渐发展成为日本高等教育的标志性大学。

20 世纪之后，日本高等教育继续发生着巨大的变革，其中对其发展进程具有重要意义的大事是 1903 年《专门学校令》的公布。专门学校是与大学同时产生的构成日本近代高等教育体系的主要机构之一。1879 年颁布的《教育令》对大学与专门学校的定义作了明确的规定，两者的主要区别在于：大学"传授法学、理学、医学、文学等多科专门知识"，专门学校"传授单科专门知识"。① 专门学校虽然发轫于 19 世纪末，当时也存在着数量众多的专门学校，但是始终处于一种不规范的发展状态。《专门学校令》的公布使得专门学校有了第一个专项法令，该法令对专门学校的定义、招生、专业设置等都作出了明确的规定，推动了专门学校的良性、有序发展。此后到第二次世界大战爆发前，日本陆续公布了一系列旨在规范和促进各层级和类型高等教育发展的法案，使日本高等教育在第二次世界大战爆发前形成了机构类型多样，国、公、私立并举的较为完善的高等教育体系。现代高等教育体系的建成极大程度地促进了日本社会经济的发展，一举奠定了其在亚洲处于领先地位的坚实基础，但同时也带来了战争的隐患。

1931 年日本发动大规模侵华战争之后，在日本政府的军国主义思想指导下，以 1938 年《国家总动员法》的实施为开端，日本社会逐步走向全面军事化，学校也不例外，其日益成为日本这部战争机器上的一根链条或一组齿轮。因此，日本战败以后，被染上浓厚军国主义色彩的学校必然

---

① 参见［日］细谷俊夫等：《新教育学大事典》，第一法规出版株式会社 1990 年版，第 17 页。

成为改革的对象，打破旧的军国主义的教育制度，建立新的民主的教育制度就成为战后日本教育改革的出发点。

二、第二次世界大战后"新制大学"体制的形成

第二次世界大战后日本在社会各领域进行了以美国为主导的各项改革，教育也不例外。美国对第二次世界大战后日本大学改革之影响主要通过民间情报教育局（The Civil Information and Education Section）和美国教育使节团这两个组织机构以及由它们提出的有关政策性建议与报告来实现，其中影响最大的是美国教育使节团报告书。1946 年由数名美国教育专家组成的教育使节团在对日本进行了一个月的实地调查研究后，提出了一个详细的关于日本教育改革的报告书，该报告书是第二次世界大战后第一份关于日本教育改革的基本文件，其内容全面，成为后来日本政府制定教育政策的重要依据。

根据这个报告书的基本精神和内容指导，1947 年日本出台了第二次世界大战后最重要的教育改革政法令——《教育基本法》。该法令不仅规定了第二次世界大战后日本教育的基本性质和方向，而且在此基础上形成了较为完善的现代日本教育法律体系。该法令的出台还掀起了日本教育指导思想的两个根本性转变，即由第二次世界大战前的"敕令主义"到第二次世界大战后的"法律主义"，由第二次世界大战前的"臣民教育"到第二次世界大战后的"国民教育"。同时，日本还通过了旨在建立以美国"6334"学制为模板的现代学制的《学校教育法》。

《教育基本法》与《学校教育法》制定之后，第二次世界大战后日本大学制度改革便进入实施阶段。战后日本大学制度改革的首要目标是成立"新制大学"，即将战前多种类型的高等教育机构统一为一种类型的大学。

在高等教育机构合并、调整的过程中，为了便于地区上的合理分布，日本政府提出了"一府县一大学"的指导方针。经过五年左右的合并、调整，507 所旧制高等教育机构组成了 226 所新制大学。[①] 在这 226 所新制大学中，国立 72 所，公立 34 所，私立 120 所，私立大学占总数的 53.1%。此外，从学科分类来看，综合大学最多，98 所，占总数的 43.3%；其余依次为医科大学 51 所（22.6%），工科大学 33 所（14.6%），农科大学 16 所（7.1%），学艺大学 10 所（4.4%）等。[②] 国立大学与公立、私立大学在学校类型上存在着明显的差别，国立大学中有综合大学 47 所，占国立大学总数的 65%；公立、私立大学则以单科大学居多，单科大学的比例前者为 70.5%，后者为 65.8%。国立大学与公立、私立大学之间的这种差别主要因为许多新制公立、私立大学是由战前的单科性专门学校升格而来的。

至此，第二次世界大战后在美国的积极推动和主导下，日本建立起了现代的教育体系，高等教育也不例外。以"新制大学"为特征的现代大学体系的建立，实现了日本高等教育的去军国主义化、现代化，为日本战后社会经济的恢复和发展奠定了坚实的基础，也是 20 世纪 60 年代日本经济开始腾飞的先决条件之一。

三、20 世纪末日本高等教育的改革

经过第二次世界大战后几十年特别是高速经济成长期的发展，到 20 世纪 80 年代末 90 年代初，日本已经成为世界上为数不多的高等教育大国。但与此同时，日本高等教育也面临着严峻的现实挑战，诸如日本经济陷入

---

① 参见［日］海后宗臣等:《大学教育》，东京大学出版会 1969 年版，第 133 页。
② 参见［日］海后宗臣等:《大学教育》，东京大学出版会 1969 年版，第 143 页。

长期的不景气状态、少子化背景下日益减少的高等教育适龄人口、信息科学技术发展所带来的压力等。日本政府和高等教育界都意识到了进入 21 世纪后高等教育所面临的巨大挑战和压力，于是积极地推动了新一轮的改革。因此，从 20 世纪 90 年代末开始，日本高等教育又开启了新一轮的改革。

20 世纪 90 年代的日本高等教育改革发轫于 1991 年文部科学省对《大学设置基准》的修改。《大学设置基准》修改的主要内容有三个方面。第一，设置基准的大纲化。所谓"大纲化"就是将设置基准的条文删繁就简，将有关大学办学的规定改细为粗。设置基准大纲化的最突出之处是关于大学课程设置规定的修改，取消了关于课程种类的具体规定，代之以大学课程设置的方针，将课程设置的权限完全下放给各大学。第二，大学自我评价制度之导入。大学设置基准中要求各大学开展自我评价，这就意味着日本高等教育的发展进入了以提高质量为核心的时代，导入自我评价制度是促进大学教育质量提高的重要手段。自我评价的实施为建立完全意义上的大学评价制度奠定了基础。第三，对终身教育发展之适应。修改后的设置基准增加了一系列关于适应终身教育发展的条文，对正规高等教育之外的各种非正规高等教育形式作了更加灵活、更富有弹性的规定。这些规定促使日本高等教育体制进一步面向 21 世纪，向终身教育体系过渡。

四、2004 年开始的国立大学法人化改革

进入 21 世纪后，随着全球化和信息化的进一步深入，各国家和地区的各领域都不可避免地被卷入世界发展潮流之中，逐渐形成了一个开放的市场，相互之间的竞争和联系更加激烈和直接，高等教育也不例外。日本高等教育，特别是国立高等教育在进入新世纪后既要面临来自本国不断发展壮大的私立高等教育的竞争和挤压，又要面临来自世界其他国家高等教

育的强烈冲击，如对优质生源、师资的争夺，对办学资源的竞争等。同时，为保持日本社会具有持续的竞争力，也需要进一步增强高等教育特别是国立高等教育对日本经济社会发展的贡献力。所以，进入新世纪后，日本政府及国立高等教育上下各界便积极探索对国立大学的变革，对第二次世界大战后日本高等教育发展影响最大、最深远的国立大学法人化改革在2004年拉开了序幕。

于2004年开启的日本国立大学法人化改革是对日本公立大学全方位、立体的改革，不仅涉及政府、社会、其他私立大学与公立大学关系的重构，还涉及高校内部治理结构的巨大变革。主要体现在：大学理念从"自在"逐步走向"自为"；文部科学省与大学关系从"直接控制"转变为"间接控制"；大学内部决策程序从"自下而上"变革为"自上而下"；教师身份从"公务员"突变为"雇员"。① 从2004年4月1日起，日本国立大学法人化改革全面实施，国立大学法人化改革就是将作为国家行政组织一部分的国立大学从政府机构中分离出来，赋予其独立的法人资格，使其成为具有自我行为能力的独立"法人"。法人化改革后的日本国立大学虽然在性质上仍属于国立机构，但是在经营管理体制机制上发生了根本性的转变，民间企业式的管理方式被引入到日本国立大学中。日本国立大学法人化改革在给予国立大学独立法人地位、赋予其权力的同时也让其承担了更多的责任，各独立国立大学法人在改革后，对学校的发展在拥有极大自决权的同时，也要承担更多的责任与风险。因此，国立大学法人化改革激发了各国立大学发展的内生动力，促使各大学更注意发展的效率等。

---

① 参见丁建洋：《作为历史的转折：日本国立大学法人化改革六年述评》，《高教探索》2010年第2期。

第二节　日本国立大学初创期财政制度史考

1886 年,《国立大学令》及《诸学校令》相继发布,日本近代高等教育制度的基础得到确立,并一直延续到第二次世界大战时期。国立各学校的财政基本制度与国立大学和其他类型学校相关制度不同,其中给予了国立大学特殊的地位。事实上,当时国立大学是日本唯一的综合性教育研究机构,同其他类型国立学校相比具有更大的财政预算规模,因此在很长一个时期内,其在高等教育制度中占据特殊的位置。所以,当时国立大学的财政管理制度就代表了那一时期日本公立高等教育的基本制度。

一、基金·资金制的构想

第二次世界大战前日本国立大学财政制度的基本特征之一便是对自我收入的重视,为此目的,对基金以及资金制度的构想便成为可能。

1888 年,日本政府公布了《文部科学省直属学校收入金规则》,起初在国立的一些学校采取的还是公费生制度,不过不久后,学费的征收便实现了普遍化和常态化。当初,国立学校中尽管有实施公费生制度的,但是不久,征收学费已形成常态化,特别是 1885 年就任文部大臣的森有礼采取了大幅度提高学费的政策,将其作为大学和学校创收的支柱政策。并且这些作为支柱性收入的学费在该年度未被完全使用的情况下,可另作他用而被留存下来,这就为将来实现财政自立性的"基金"制奠定了基础。大学基金制度最初来自对西方欧美国家的学习，在 1879 年就已经出现在日本的国立大学之中，并于 1888 年进一步实现了制度化、明确化。

当然，如果从全体高等教育所需经费来说，来自学费收入本身的数量比较少，就算留存起来的"基金"收入也不能成为高等教育最重要的财源。例如，1890 年的国立大学基金总额大致为 56000 日元，从此基金能得到的利息收入大概为 2800 日元，和政府支出的 44.6 万日元相比显得极为微不足道。[1] 此外，到第二次世界大战结束时，国立各学校所积蓄的基金总额为 5630 万日元，但这也仅占 1947 年全国国立学校年度预算的 6% 而已。[2]

二、"特别会计制度"的构建

第二次世界大战前与基金制同样在国立大学中被广泛使用的另一个重要财政制度便是"特别会计制度"，1890 年公布的《公立学校及图书馆会计法》是其最初形式。与此同时，随着帝国议会的成立，公立学校财政制度从整体上被引入和调整，从国立大学的情况来看，这与同一时期出现的《国立大学论》也有着密切的关系。第二次世界大战前被维持的"特别会计制度"的最终目的，可以说不仅仅是为了维护国立高等教育机构的财政自立。

据此制度，文部科学省直属学校，即"拥有对资金来源与政府支出金的收入、学费、赞助金以及其产生的收入等的支配权，允许对当年的支出额进行特殊结算"。即文部科学省直属学校的资金就是自由资金，

---

[1] 参见《东京大学百年史》编辑委员会编:《东京大学百年史》，东京大学出版会 1985 年版，第 95 页。

[2] 参见［日］神山正:《国立学校特别会计制度史考》，文教新闻社 1995 年版，第 34 页。

包括政府的公共投入、学费收入、外部赞助收入以及其他各项收入等，而允许其在当年进行年度支出特别结算的学校都被称为直属学校。这里所说的学校所属资金是指，到当前为止的基础金、一直以来的积蓄、政府交付金、近期由其他单位赞助的动产与不动产以及当年收支后余额。国立学校的预算方式与一般企业的预算方式不同，国立学校的结算方式也与一般企业的结算方式不同，是重新设立的新结算方式，经过第二次世界大战而持续下来的初期模式就是在这个时期创立的。总之，通过这种结算方式而得出的预算，由每个学校编制完成，之后向帝国议会提案得到认可即可。

同样在 1890 年，上述的会计规则在《公立学校及图书馆会计规则》这一法案中被公布，公立学校办学资金包括政府的公共支出金、学费及实验费、捐赠金、利益或股息、土地或房屋的租金、出售实验成果所得、杂项收入七个部分。利益或股息的资金被分为备用资金和特别资金。其中，规定备用资金产生的利润和其他收入，用作学校一般的经费补充；特别资金产生的利润和其他收入，可以作为特定的用途用来补充差额，使该资金增值。"经常性收入""经常性支出""临时性支出"的财源用途也有严格的规定，因此帝国议会的成立，可在某种程度上说是公立学校的会计制度所促使的结果。

然而，这一特别会计制度及其预算的决定和执行，对于保证拥有最大特权的国立大学的自主性来说很有必要。另外，关于建筑物等的设施费，因为作为临时费用的话，是算在特别会计的范围之外的。那么，从这个意义上讲，可以说作为特别会计制度的话还不够完善。①

---

① 参见《东京大学百年史》编辑委员会编:《东京大学百年史》，东京大学出版会1985 年版，第 102 页。

三、大学独立及法人化论

规定国立大学，即使是各官立学校，也以为了满足国家需求而教授技艺学术，以及进行深度研究为目的（《国立大学令》第一条）。这些国立大学早在 1889 年时，政府和大学内部就已经明确了涉及财政等各种各样的独立论，甚至是法人化构想。也就是说当时政府内部，把国立大学看作在法律上可以拥有权利及承担义务的独立法人，并且有如下的构想：作为法人的国立大学（对隶属皇室的文部大臣进行监督，把皇室下赐的基本金和学生缴纳的学费等作为收入来维持国立大学的运营）。另外，国立大学内部也有像《国立大学独立案私考》《国立大学组织私案》等类似构想的法案。而且各报刊也显示了对这个问题特别关注，并展开了如寻求大学经费的稳定、谋求大学自立的捷径等类似自治论调。

以新闻报道为基础对这些方案的整理如下：（1）基本财政案（从国库划拨数百万日元作为大学的母基金，以其利息收入作为维持大学的基本运转所需）；（2）法人案（在议会的预算审议权框架外，每年将一定额度的经费给予各大学）；（3）帝室费案（每年从皇室的开支中支出一部分作为国立大学经费）。① 各国立大学都把摆脱来自议会的财政控制作为目的，不过这在现实中很难实现，从《会计法》在实践中的实施情况来看，便是已然状况。

再者，《国立大学令》在 1893 年被进一步修订，确定并设置了大学自治的核心部分"评议会"和"讲座制"。同时制定了《国立大学官制》，这个制度决定了国立大学教师的级别数、工资的数额、除基本工资外担当

---

① 参见［日］海后宗臣等：《大学教育》，东京大学出版会 1969 年版，第 47 页。

讲座的教师的工资还按《职务俸禄制度》相关规定给予拨付。这一系列法规制度颁布后，国立大学与其他国立学校在制度上的差异进一步明确，这也意味着预算又开始有了一定的累积基础，可是这个时期的讲座制还没有与教员数和预算形成直接联系，也没有形成有机统一的整体。

第三节　第二次世界大战前财政制度史考

从明治维新到第二次世界大战前是日本以国立大学为代表的公立高等教育迅速发展壮大的阶段，日本公立高等教育特别是国立大学为日本第二次世界大战前经济的腾飞作出了重要的贡献，其财政制度在这一时期也有较大的调整和完善，其中核心的改革便是特别会计法的公布。特别会计法公布后，公立学校特别是国立大学的预算实行严格的议会审查制度，明显地缺乏稳定性。根据《东京大学百年史》记载：为了实现政府预算额度逐年递减以及增强政府和大学财政稳定性的目标，这就需要向大学交付数百万日元的基本财产，但这一目标却未能实现。[①] 且随着京都国立大学的新设和东京国立大学规模的不断扩张，预算规模逐年扩大，并且在日俄战争后议会实行了更为严厉的财政紧缩政策，导致了国立大学的财政形势愈发严峻。

---

① 参见《东京大学百年史》编辑委员会编：《东京大学百年史》，东京大学出版会1985年版，第87页。

一、《国立大学特别会计法》的制定

1907 年，政府废止实施已久的《公立学校及图书馆会计法》，同时公布了两个新的特别会计法:《国立大学特别会计法》及《学校及图书馆特别会计法》。这两个新的特别会计法得以设置的基本理由为：直辖学校数量不断增加而导致每个学校的特别会计设置日趋复杂化；预算规模不断扩大；对作为"学问之府"的国立大学要占据着特殊位置以区别于一般国立大学的必要性的认识逐渐深入人心。

在这个时期，日本仅有东京和京都两所国立大学，因此《国立大学特别会计法》均与这两所学校相关。第一条具体规定为，东京国立大学及京都国立大学的所有资金均为政府支出金，资金的利息收入、学费、捐赠金和其他一切收入以及所有开支均允许以特别会计的方式进行处理。第二条为，除在前条中规定的政府支出金之外，东京国立大学可以获得年度 130 万日元，京都国立大学可以获得年度 100 万日元的以一般会计方法处理的额外经费，即所谓的"定额支出金制"。第三条为，各国立大学的资金由三部分组成：政府交付资金、其他捐赠类动产及不动产以及年度收入余额。

据此制度，国立大学在财政上与其他国立大学相比得到了特殊对待，与议会的审议也无关，一定额度的预算能得到保证。这同时意味着国立大学在预算的执行上也获得了一定的自主性，每年从政府获得定额的资金预算再加上自我收入，国立大学拥有对这些资金收入与分配的一定自由权力得到了认可。和以前会计制度下"大学的财政预算均被一般会计法所左右，大学经济的自主性缺失"相比，特别会计法的"政府定额支出金制度

的采用具有划时代的意义"。① 在财政方面对国立大学自主性的认可，是教育研究的发展所意识到的，具有划时代的意义。

这一制度规定的定额支出金额上面已经提到过，东京国立大学 130 万日元、京都国立大学 100 万日元。根据 1908 年度东京国立大学的预算情况看，年度总收入为 170 万日元，其中政府定额支出金为 130 万日元，占总收入的 76%。其中自我收入主要由以下一些部分构成：附属医院收入15.5 万日元（占 9%）、学费收入 13.8 万日元（占 8%）、学校资金所获得利息收入 1.1 万日元（占 0.7%）左右。和第一条规定的一样，以"资金"收入为例，自我收入的大部分构成状态不甚明了，仅仅以两所具有特权的国立大学为例，仅依靠自我收入维持经营实在难以为继。

虽然说在一定程度上承认了大学的自主性，但是对大学自主性影响最大的方面依然缺失，诸如与预算的编制和执行相关的权力。在 1907 年，制定了与特别会计法并列的《国立大学经理委员会规则》，该规则规定委员会构成除国立大学的校长和书记各一人外，还包括文部科学省专门学务局长及官方会计科长、大藏省（财政部）主计局及书记官各一人，也就是说预算的分配和执行是在文部科学省和大藏省（财政部）的共同监督下进行。实际在经理委员会成立之前，对于东京国立大学来说便开始了独立的决定，预算的决定被放置在了学校内部委员会内进行。②

此外，对于国立大学以外的国立学校及图书馆，在《学校及图书馆特别会计法》公布后，其作为一个整体也被纳入到特别会计制度体系之内。与国立大学不一样的是，其他国立学校没有政府定额支出金制度，也未设

---

① 参见［日］佐藤宪三：《国立大学财政制度史考》，第一法规出版株式会社 1964 年版，第 134 页。
② 参见《东京大学百年史》编辑委员会编：《东京大学百年史》，东京大学出版会1985 年版，第 56 页。

置经理委员会，由此可见两所国立大学得到了多么特殊的对待。

二、"定额制度"的现实

对于定额制度，从大学所拥有的对计划和预算的编制和分配的自我责任这一点来说，的确有其优越性。但是，随着大学教育研究活动的不断增多和通货膨胀率的不断提高，对经费绝对数额的不断修改在现实操作中难以避免地出现很多难题。在定额制度建立时，文部科学省认为对十年内的定额不需要作出调整，然而其短视的做法很快就得到了现实的验证。

以东京国立大学为例，从1907年这个制度施行开始，学校之后采取了一些措施对这一制度进行补救和修正。例如，1910年的"官吏加薪"、1912年的"商科增设"、1914年的"行政管理费"、1916年的"传染病研究所移交"、1918年的"应对物价上涨"、1919年的"工资增加和教育学科的设置"、1920年的"物价上涨和加薪"等，几乎每年都有反复增加修改的项目。不仅如此，在定额的政府支出金不能提供的情况下，常常要通过另行法律，进行"临时政府支出金归入列"，这样的情况在1920年以前已多达6次。[①]

此外，特别会计制度的前提是，对于具有很强临时性的设施整修产生的费用以经常性年度收入支付，并且在某些年度中设施的新建及修缮费用需要定额之外的政府支出资金。事实上，定额制度已经有名无实了。[②]

---

① 参见［日］佐藤宪三：《国立大学财政制度史考》，第一法规出版株式会社1964年版，第76页。

② 参见《东京大学百年史》编辑委员会编：《东京大学百年史》，东京大学出版会1985年版，第99页。

第四节　第二次世界大战结束前的特别会计制度

在两个特别会计法中，《国立大学特别会计法》在 1921 年被《大学特别会计法》所代替。1919 年末《大学令》公布，认可了除国立大学外其他公立大学的设置。会计法被修订为"与国立大学相区别外，其他公立大学通用的特别会计制度"，1925 年进一步被修订为"全部的大学适用于一个特别会计制度"。

一、新会计法和"定额法"

新会计法重要的问题点在于，继续实行只对东京和京都两所国立大学适用的政府支出金定额制度。经济的发展伴随着通货膨胀率的不断提高、教育机会的扩大、教育研究活动的大规模开展，使定额制对于两所大学的自主发展有了较强的制约性。

1920 年，关于定额制度已经在日本议会上提出了诸如"对于大学来说这样已经带来了很多不便，能否将定额制废除呢"，"学问的研究是无止境的，如果将政府支出款项规定在一定的额度上固定不变，这样是否会失去目标呢"等看法，很多议员提出质疑，希望重新对定额制作出权衡。[①] 实际上，根据《关于临时政府支出金增支的法律》，通过特别会

---

① 参见《东京大学百年史》编辑委员会编:《东京大学百年史》，东京大学出版会 1985 年版，第 108 页。

计转入的临时支出金，譬如在 1923 年东京国立大学的临时支出金达到了 1314 万日元，占定额支出金 2884 万日元的 45.6%。不仅如此，定额支出金本身的金额无法满足学校的经常性开支，大学再次面临巨大的财政压力。

国立大学的财源除定额金、定额外有特定用途的政府支出金（也称临时费）外，还有一部分自己的收入。自我收入本来应该与定额金一起作为大学可以自由支配的资金，不过自我收入的大部分来自学校的附属医院和实验成果转让，因此这些收入就优先被这些部门分配使用了。这就是说自我收入和特定用途指定金额度同时增加，预算规模也更大，如果定额金的增长被抑制的话，便增强了大学在财政上的自由，这有一种逆向抑制的意味。事实上，从 1923 年的政府支出金来看，无法自由支配的临时支出金和特定用途指定金的总额达到了 2478 万日元，这几乎和定额支出金的总额相差无几。

二、"定额制"的废止与"讲座制"的引入

"定额制"的局限性及其与"讲座制"的关系也逐渐被意识到了，即没有采取"定额制"的其他国立大学新设的讲座与定员和预算的增加应同步增长才对，同时采取"定额制"的两所国立大学（东京国立大学和京都国立大学）对新事业的预算要求为：限制重要且经费花费多的项目，小规模的定员和讲座增加被要求限定在定额金和自我收入所允许的范围之内。①

---

① 参见《东京大学百年史》编辑委员会编:《东京大学百年史》，东京大学出版会 1985 年版，第 132 页。

　　"讲座制"于 1893 年被引入国立大学，当时的"讲座制"与人员配置、预算分配没有直接的关系，但是为了谋求教育与研究事业的长期发展，文部科学省有将预算的制定和人员配置作为讲座的基础单位的打算。1921 年新设置的讲座，被分为实验讲座和非实验讲座，各自决定固定额的讲座费和校费。另外，东京国立大学在 1923 年的预算要求实际上是按原有的讲座"内容整备与经费关系"的要求制定的，这些基本要求为：①实验类学科，诸如医学部、工学部、理学部、农学部配置有教授 1 人、助理教授 1 人、助手 2 人，讲座经费为（人头费和物件费合计）2 万日元；②社会科学类学科，比如法学部、文学部、经济学部一个讲座设教授 1 人、助手 1 人，讲座经费为（人头费和物件费合计）8000 日元。

　　这样"累计校费"的想法出台的背景便是"定额制"的两所国立大学在经费方面出现的日趋严重的贫困化趋势。为此，1924 年东京国立大学向文部科学省和议会提交了旨在增加定额金额的申请书，申请书中感慨道："东北、九州、北海道各国立大学当初的学费和研究费数额都相当少，其最初便开展了独立的研究。随着国运昌盛，国家经济实力的增强，当初为东京帝大设置的定额金制便显示了其不足之处，有诸多不便，阻碍了东京帝大的进一步发展。"[1] 其最终的结局便是导致了"定额制度"在两所国立大学的全面废止，1924 年实现了日本全部国立大学预算一体化。与此同时，以讲座为单位的预算方式全面实施，再将物件费和人头费的一部分进行了合并（诸如雇员费和佣人费），第一次设置了

---

　　[1] 参见《东京大学百年史》编辑委员会编：《东京大学百年史》，东京大学出版会 1985 年版，第 142 页。

"校费"这样的项目。①

把讲座和教员人数以及预算结合起来的做法，使得其面临的财政问题的背景更加具体化，而第二次世界大战后沿用的讲座制度的巩固，是从1926年开始的。② 据此，讲座分为三种类型，其各自教员数为：非实验讲座的教授1人、助理教授1人、助手1人；实验类讲座的教授1人、助理教授1人、助手2人；临床类讲座的教授1人、助理教授1人、助手3人。不过这个标准只适用于新设的讲座，原有的讲座依然按以前的标准执行，这便产生了不能协调一致的问题，也就是说首先采取"定额制"的东京国立大学和京都国立大学，其讲座的教员大多不能按1926年所制定的标准，多数成为残留问题。

到1944年，《大学特别会计法》和《学校及图书馆特别会计法》被一体化了，半数图书馆（具体指国立大学图书馆）也采取了会计法，《学校特别会计法》被公布。《学校特别会计法》对国立大学、官立大学和直辖学校作了划分，所以国立大学和其他大学之间依然被分开，其基本方面的特殊性一如既往。无论如何，第二次世界大战后国立学校特别会计制度，就是对这一时期（战争期间）所形成的财政制度的继承和发展。

① 参见《东京大学百年史》编辑委员会编:《东京大学百年史》，东京大学出版会1985年版，第142页。
② 参见《东京大学百年史》编辑委员会编:《东京大学百年史》，东京大学出版会1985年版，第144页。

第五节　第二次世界大战后到法人化改革前日本国立大学财政制度

一、战后初期以"新制大学"为特征的国立大学财政制度改革

第二次世界大战后，日本在美国的直接干预下对社会各方面进行了深入的改革，高等教育领域也不例外。战后在美国的积极推动和主导下，日本建立起了现代的教育体系，以"新制大学"为特征的现代大学体系的建立，实现了日本高等教育的去军国主义化并使其逐渐实现了现代化，为日本战后社会经济的恢复和发展奠定了坚实基础。

1947 年，《学校特别会计法》被废止，有人认为国立大学及其他学校预算采取了一般会计法，旨在实现财政制度民主化、合理化的基本目标。[①] 同时在第二次世界大战中大半国立学校的基础设施遭到破坏，亟须大量资金进行恢复建设，因此也有人指出在这种情况下确保国立学校财政自主的独立性体制具有极大困难。根据后者的意见，第二次世界大战前根据《学校特别会计法》对资金进行的积累，是对国立大学以及其他学校财政自主性的重视的结果，不过这只是一种理想的状态而已，因此直到 1964 年《国立学校特别会计法》颁布之前，国立大学的预算均采取

---

① 参见《东京大学百年史》编辑委员会编:《东京大学百年史》，东京大学出版会 1985 年版，第 155 页。

一般会计法的处理方式。

（一）《大学法试行纲要》中关于财政制度的基本要求

1948 年，文部科学省发布了旨在建立国立大学新制度的试行纲要《大学法试行纲要》。这个原本预定在 1949 年发布的试行纲要设计了新制国立大学管理运营的基本模型，一般认为其原型来自美国州立大学的管理运行模式。其第一条便规定"国立大学所需经费大部分来自国库拨款"，第十一条对财政相关规定进行了详细阐述，其基本内容如下。

（1）课程费。学生应交纳的课程费、入学费及其他最高费用由文部科学省依据中央审议会的审核决定。根据系（学院）别不同，如医学系和文化艺术系，最高费用会有所差别。

（2）来自国库的经费。国库每年向各个大学拨放经费。包括主要用于大学的总行政费用；用作每个完成了上一年度课程（或相当于完成课程）的学生的奖励费用；用于上一年度任专职教员的经费。

（3）生活费调整。根据每年日本银行零售价格指数的变化，（上述的）经费会作相应调整。

（4）特别计划及研究资金。根据文部科学省或其他政府机构里相应的法律审议机关的特别推荐，针对特别计划及研究项目等，国库可以向全校或个别人发放补助。

（5）设施改善费。根据文部科学省和中央审议会的特别推荐，大学能够进一步从国库获得土地建筑设备等的整修费。

（6）都道府县税。都道府县有权利为经常费、临时费或特殊目的而筹集经费。

（7）捐助金。各大学的管理委员会有权利接受来自个人或团体的用于特殊目的，如建房、研究等的特别捐助。

（8）为避免每年经费的过度增加，该大学或其附属分校学生人数的增加不得超过上一年学生人数的 10%。①

这个试行纲要一经推出便遭到了大学相关人士的强烈反对，其结局是未推出多久便被迫中止。但是这个试行纲要中关于国立大学财政制度基本点的思考（也可说是参照美国州立大学的模式）与当前国立大学法人化改革中的财政制度还是有不少共同点的。例如，学费收入的自我收入化，以学生教员数为基础的累加计算，研究费、设施设备费的另行分配，地方自治体也有一定的负担等。

东京大学新制大学筹备委员会的下设学校财政法特别委员会于 1949 年开始运行这个试行纲要，其提出的"特别会计制度"提案试图建议和第二次世界大战前一样由国库负担大学的全部费用。其基本内容包括："国立大学有和其他大学不一样的特别会计制度，其办学经费原则上由国库全额拨付，总经费的金额根据下面的各项具体内容决定。"（1）来自学费的收入。向学生征收的学费、考察费、入学金等其他费用由国立大学委员会审议决定。（2）附属医院、实验室、农场、研究所等事业的收入也由国立大学委员审议决定其使用及分配。（3）来自国库的收入，各大学每年从国库接受一定额度的收入，主要有以下这些方面：①教员、事务管理者、技术员的工资；②大学的行政费；③对学完前一年度课程的每一个学生的奖励费用。（4）第四、五、六条的内容和前面试行纲要内容一样。（5）捐赠金。②

各大学对于建筑、设备、研究等用于其他特殊目的的费用有接受个人或者团体捐赠的权力，都道府县采用捐赠金的话，可以通过调整赋税的方

---

① 参见［日］大崎仁:《后大学史》，第一法规出版株式会社 1988 年版，第 74 页。

② 参见《东京大学百年史》编辑委员会编:《东京大学百年史》，东京大学出版会 1985 年版，第 128 页。

式实施。

这个制度的基本目的是保持国立大学长久以来的特权地位，作为旧制国立大学的东京大学的立场鲜明地表现了出来。当时东京大学校长南原繁在大学行政官会议上进一步阐明："如何安排和调节现今多数应该被设立的大学预算，成为颇为重要的议题。""为此，尽可能将大学财政合理化，并致力于形成一套有客观评价基准的预算编成方案，是极其令人期待的。""不能将此预算方案机械地、平均化地运用到存在差异的各类大学中去，而要考虑各个大学的规模、功能，不可以妨碍其正常的运营管理。""研究机关作为大学的一个功能，特别是大学院还有研究所所持有的经费这一问题，已经开始成为重要的课题。"[1]

虽说特别会计制度设置的目的不是像以前一样有确保资金来源的意图，但确立新制国立大学有财政确立的"客观的标准"和"科学的编成"的目的，而且，还有在保持旧制国立大学功能基础上而在财政制度形态上进行新探索的目的。[2]

此后在1951年，文部科学省向国会提出了《国立大学管理法》这一法案，不过这一法案最终也未真正实施。这个管理法案虽然没有涉及财政方面的条文，却第一次将国立大学的管理经营和财政问题分开处理。[3]

（二）教育改革审议会的答复

同样在1951年，教育改革审议会就"教育财政相关问题"作出了答

---

[1] 参见《东京大学百年史》编辑委员会编:《东京大学百年史》，东京大学出版会1985年版，第128页。

[2] 参见《东京大学百年史》编辑委员会编:《东京大学百年史》，东京大学出版会1985年版，第155页。

[3] 参见［日］大崎仁:《后大学史》，第一法规出版株式会社1988年版，第87页。

复，其中，试图寻求对"国立大学财政问题"紧急应对的答复，考虑特别会计的设置以及其后国立大学财政制度的形态和应有的相关建议，其基本内容概述如下。

1. 大学财政综合计划

国立大学的规模在此阶段已经达到71所，但财政实际运行状态非常糟糕，对其进行扩展和均衡是当务之急，因此，为达到这一目的，对大学财政相关关系进行系统的、整合性的计划有其必要性。（1）校园设施的新增改造以及修复相关工作，与校园用地相关的一定的年度计划，规定大学本科各学部设置工作的轻重缓急并逐步充实完成。此外，在其间对设置新大学数量进行控制。（2）在综合计划制订的71所大学中，并不涉及大学院（特别是博士课程）的设置，各自采取不同的应对措施进行扩整。

2. 国立大学特别会计制度

为使国立大学在应对一般的国家政治、财政变革时不受影响，为增强其稳定性，便需设计国立大学特别会计制度。在政府将其预算的一部分作为对国立大学的支出金作为其基本保障时，国立大学的事业性收入、收入的盈余额、支出节省金、来自动产和不动产所产生的利润、捐赠等相关资金的积累对于国立大学来说具有重要意义。除此之外还可以开辟另一条道路，诸如预备金、借款制度的建立等，也是充实大学预算的基本措施。国立大学特别会计制度的内容如下：（1）将国立大学作为一个整体，实施特别会计制度，但各大学具体实施时也有区分。（2）在大学的支出方面，原则上坚持政府金的支出在前，自我筹集资金、学费、捐赠等其他方面收入的支出在后。（3）资金、预备金、借款等制度的设置。

3. 国立大学预算的计算方法

为了使国立大学的预算计算得合理公正，应依据下面的方针设定计算预算的基准。（1）设施费。第一，根据非实验、实验、临床等不同类别，来确定各部各学科学生人均单价。根据学院（系）的规模和构成的不同，通过标准单价计算建设费。第二，根据各科各部的特殊性来设定不同的最低设备基准，并以此为基础计算设备费，尤其是研究设备费。第三，新设设施更新费，改善老旧设施。（2）经常费。第一，系（学院）的经常费，应分为运营费、学生费、研究费及差旅费，其中，运营费应细分为事务费、各项工资津贴及维持费，学生费应细分为课程费、厚生辅导费，就不同的经费项目来确定标准教育费。第二，关于事务费和课程费，根据非实验、实验、临床三种不同类别来确定学生人均标准单价。厚生辅导费则无须对学生进行区分，可直接确定人均标准单价。研究费则根据非实验、实验、临床三种不同类别来确定包括讲座、教官在内的人均的标准单价。第三，综合大学的本部经费不依赖于学院（系）经费，而是作为独立的项目开支，根据学部构成、规模、学生人数等来确定。第四，设置有研究生院的大学，其系（学院）经常费依据其他项目进行区分并计算。（3）设置有研究生院的大学。鉴于设置有研究生院的大学肩负着培养研究人才的使命，在避免经常费胡乱设置的同时，要使之更加充实。第一，在设施费方面，要比较学部设施的状况，再配备必要设施。第二，根据非实验、实验、临床三种不同类别来设定各自的最低基准，并确定标准单价。第三，关于经常费，在确定运营费、学生费等的标准单价的同时，要特别考虑研究费。

　　教育革新审议会的答复内容，即使现在看来也是经过深思熟虑且较为妥当的。可以说从那以后国立大学的财政政策，都以该答复为依据来制定。但是，特别会计制度没有立即实现。此外，运营费、学生费、研究费的区分，以及本部经费、系（学院）经费、研究生院经费的区分并没有清楚说明就进行了预算分配，由此产生了后来所看到的诸多问题。

（三）积算校费制及讲座制、学科目制

像这样，通过转型为新制度大学而一举超过 70 所大学的国立大学，其财政方面最重要的课题，正如在报告中所陈述的标准教育费用及标准单价的思维方式所体现的那样，是设定一个科学以及客观的预算基准及分配标准。但是，以往的学校都是在严峻的财政状况及旧制度之下，根据各不相同且不一定明确的基准来接受预算分配的，而在将这些学校进行了再次编制、重新整合而来的新制度大学及院系里，具体应该根据怎样的新基准来分配预算呢？暂且不考虑客观性、科学性的问题，文部科学省采取的具体策略是讲座制及学科目制，该制度着眼于研究组织的构成形态的区别，即通常所说的"积算校费制"。

国家公务员的开支是采用其他途径来进行预算的，而作为国家公务员的教职人员，除去他们的人员开支，国立大学的经费总称为购物费，由一般管理费、教官研究费及学生经费这三部分组成。这三者最初得以明确区分，但之后一般管理费的额度增长被压制，剩下两项则成为弥补一般管理费开销的形式。因此，教官研究费和学生经费已经不再像字面意义那样，只为教官和学生使用，而变得仅仅是预算分配时的一种基准或是单位，之后就采用"积算校费"或"平均学校费用"这样非常模糊的词语来称呼它。

其中，无论从金额方面还是从分配方式来说，最重要的都是教官研究费，即"教官人均经费"。第二次世界大战前的国立大学采取的是"讲座制"，讲座体现的就是教育研究这一学问领域，将其作为教官及研究费的分配单位。与此相对，国立大学以外的各公立大学则采取的是在每一个需要教育的领域内配置教官的方式，即"学科目制"。如何区分学科目制和讲座制，是在向新制大学转变过程中非常重要的难点之一，而事实上，最终新制国立大学及院系将这种前身学校的组织原理原封不动地继承了。也

就是说，旧制度的大学及院系采取的是讲座制，而由旧制度的高中、专科学校、实业专科学校、师范学校发展而来的大学及院系则采取了学科目制，同时讲座制和学科目制分别被赋予了教育研究和教育这样的目的和使命。

教官人均经费的分配基础，就是以上所讲的讲座制与学科目制的区别。同时，正如在教育革新审议会上报告的那样，讲座被分为非实验系（主要是人文社科系）、实验系（主要是自然科学系）、临床系（主要是医学牙科）这三种，而学科目又被分为非实验和实验两种，对其分别采取不同的估算单价。各院系的单价及其年度变化情况如表2-1所示。从表中我们可以看出，估算单价中，非实验与实验、临床之间大概是1:3或1:4的差别，而讲座制与学科目制的估算单价最初几乎是相同的，之后逐年出

表2-1　教官人均估算经费的变化（数据单位：百万日元）

区分 / 年度	讲座			学科目	
	非实验	实验	临床	非实验	实验
1949	89000	273000	302000	82000	244000
1950	133000	386000	419000	122500	353000
1951	266000	772000	838000	122500	353000
1952	266000	772000	838000	122500	353000
1953	274000	802000	876000	126000	367000
1954	267150	781950	848250	122850	357845
1955	253793	942853	805838	116709	339935
1956	303000	887000	962200	116709	339935
1957	334000	976000	1059000	129500	375000
1958	340179	1136064	1232676	131896	400125
1959	363100	1432900	1554800	140800	485500
1960	435720	1719480	1865760	168960	582600
1961	514300	2029700	2202400	199400	687700
1962	591500	2334200	2532800	229350	790800
1963	653700	2579400	2798800	253400	873800

现差距，到 1963 年时，讲座制的单价已经达到了学科目制单价的将近 3 倍。就这样，估算出来的预算额度在讲座制与学科目制、非实验系与实验临床系之间产生了巨大的差别。

若不考虑与学问的性质相关的非实验、实验、临床的区别，关于如何使讲座制与学科目制的差异正常化这一问题，正如之前所陈述的那样，人们开始强调教育研究与教育这两个目的的区别。在第二次世界大战前的高等教育体制下，只有大学起着教育与研究的双重作用，大学以外的各学校只承担教育的任务。在新制度下，所有的高等教育机构都变成了大学之后，讲座制与学科目制这种组织原理得以继承。1953 年，新制大学开始大批成立，对国立大学而言，认可了研究生院研究科设置的只有被赋予了教育与研究这两大机能的讲座制（换句话说就是旧制度）大学及学院。也就是说，在教育革新审议会的报告中所说的对"设置研究生院的大学"的照顾，是通过讲座制与学科目制所引起的教官人均经费区别的形式得以具体化的。

这就意味着，根据大学里是否有研究生院（博士课程研究科），从制度上消除了国立大学及院系之间在预算的分配上所产生的巨大差异。同时，研究生院的设置，在其后很长一段时间，只有在旧制度下的大学及学院中才能被认可。这样我们可以看出，与讲座制和学科目制的差异所对应的教官人均经费并非像字面意义所表示的那样是教官研究费，而是为了弥补一般管理费的不足而使用的费用。

二、日本高等教育快速发展期财政制度改革（1960—2003）

（一）向特别会计制度的方向发展

前面已提到文部科学省当局的问题意识被充分纳入，因此在 1963 年中央教育审议委员会作出答复的时候，文部科学省和大藏省（财政部）之间便达成了向特别会计制度的方向发展的协议。

1. 文部科学省的踌躇

文部科学省于1963年发布了文件《关于把国立学校会计改为特别会计化时存在的问题》，传达了当时文部科学省对这个问题的复杂态度。[①]据此，就特别会计化改革的积极面来说：（1）制度上保障国立学校财政运营的自主性，同时关于学校运营的若干预算执行上的弹性也被期待。（2）附属医院、受托研究等特定事业财政收入经费的管理方面，按特别会计制度的做法，收入预算比开支预算更容易在操作上被确认，因此可以被认为更容易实现增加预算。（3）像以前的国立大学特别会计法规定的一样，政府支出金被承认的时候，顺应教育研究计划的长期事业计划的确立成为可能，预期的年度计划能根据缓急程度来实施，政府支出金的法定化在国立大学的扩充与完善阶段，不能说一定是适当的。

就特别会计化改革的消极面来说，有以下几点：（1）根据过去的经验，以教育研究为目的的国立学校会计制度与以独立核算为目的的事业特别会计制度之间不相适应。（2）在国立学校的规模稳定、未来长期财政的实现可以预期的阶段，谋求向特别会计转移的话或许还行，但在像如今这样的增长充实期，在一般会计的模式范围里努力完善配备的话，难道不是最合适的吗？（3）国立学校收入的大部分来自学费、入学费以及审查费等，不过这些收入在国立学校收入中所占的比率与旧学校实行特别会计时有很大差异，其额度也要小得多。现阶段向特别会计的方向发展，不仅不能期待经济独立性的获得，还要担忧预算规模的缩小。

---

① 参见国立学校特别会计研究会编著：《国立学校特别会计三十年发展史》，第一法规出版株式会社1994年版，第98页。

（4）有特定收入来源的大学事业（诸如附属医院收入等），为达到增加预算的目的，扩大该事业的经营规模，与其他事业之间在预算上便产生了差距。此外，根据大学所拥有国有财产量的多少、是否有捐款等情况，学校之间产生了预算上的不均衡状态。（5）在特别会计制度的背景下，确保积极的收入和努力增收的反面便是采取企业化的经营方式，因此会产生与教育事业本身不相符的事情的危险。

文部科学省曾导入定额法，向独立采算制过渡。与此同时，对一同进行的特别会计制度的过渡上有着消极并且十分警示的态度。

所以其赞成的方面为：为实现国立学校运营管理的目的有确保预算的必要，如果有谋求预算执行弹性的意图，这个特别会计制度就会被广泛接受。同时其反对的方面为：如果改革特别会计制度的目的仅仅是谋求大学的自负盈亏，为实现大学在经济上的独立的话是不可能实现的，其次从教育事业的本质来说也是不恰当的。①

2. 大藏省（财政部）的态度

1963年末，大藏省（财政部）以大幅度采取文部科学省见解的形式，提出了《关于国立学校特别会计制度》的要点。其基本内容为：（1）特别会计制度其意图在于充实国立学校的内容，以及为今后进一步促进和充实相关内容作准备。（2）国立学校会计不以独立核算制为目的。因此，不会以减轻一般会计的负担为目的来增加学费。（3）设置借入金制度，引入国家财政投入和融资资金，有助于促进设施更新升级等（诸如附属医院）。（4）国立学校管理的国有财产原则上作为一切特别会计的财产投资，即使今后其国有财产不能供国立学校使用，其变卖后的

---

① 参见国立学校特别会计研究会编著:《国立学校特别会计三十年发展史》，第一法规出版株式会社1994年版，第101页。

款项也可以不作为一般行政的财源，而是作为这个特别会计的年收入用于充实国立学校的财源。（5）关于研究费等其他国立学校的运营费，由于符合特别会计制度的实际情况而被允许使用，这些措施也打消了来自文部科学省的担忧。

国立学校特别会计法案，像这样经过两部局的商议后，于1964年的春天由国会审核通过，并适用于同年度的预算。商定达成的《国立学校特别会计法》第一条规定，为了有助于充实国立学校，明确其经营管理，设置了特别会计，与一般会计分开管理。第三条规定，这个会计，包括一般会计里的转入款项、学费、入学金、检定费、医院收入、备用金里的收入、借款、财产处置收入、捐赠以及附属的其他收入，都将作为年收入。此外，国立学校的运营费、设施费、小额拨出费、借款的还款及利息、暂时的借款利息等其他各项费用，也作为年收入对待。

另外，这个新的国立学校特别会计法和第二次世界大战前的旧学校特别会计法相比，其主要的不同点大致如下：

第一，旧特别会计法的资金制度设置为：学校有对其资金所产生的收入等持有和支出的权力，学校谋求财政的独立性。而新特别会计法在有助于充实国立学校办学资金的同时，是为让管理更加明确化。

第二，旧特别会计法有国立大学、公立大学及其直辖学校之划分，而且不同类型的学校有不同的管理经营制度。而新特别会计法实现了整个日本国立大学的一体化。

第三，在新会计法中，从决算的余额抽出一定的金额作为储蓄金，对这个储蓄金进行统一管理，根据需要可以当作设施维修费用。这点则与旧特别会计法中对资金按照学校来进行区分不同。

第四，新特别会计法承认"借入金"制度，这就使得附属医院的设施设备在实际操作中具有可测性。

（二）国立大学的设置形态和财政制度的进一步发展

就这样，从新的特别会计法制定及施行以来，人们便很少关注国立大学的财政自立问题。不过从 1965 年开始，国立大学的法人化和财政自立问题再次浮出水面。

1. 日本中央教育审议会的答复与法人化构想

1971 年，在日本中央教育审议会《关于今后学校教育综合扩充、整备的基本对策》的答复中，高等教育的改革占了很大比例，提出了与国立大学相关的"现行国立高等教育设置形态的改变，对一定额度公共经费的自主经营，并且伴随责任的直接负担这一基本特征的新形态的国立大学法人"。

中央教育审议会的答复中还提出"在大学的管理运营方面，要国家来承担大学管理上的所有责任实际上是很困难的。而且，大学作为一种行政机构，若是采用普通行政机构在人事、会计等方面的制度，不仅会妨碍教育、研究的有效进行，而且不能使管理者对其制度保障感到放心，削弱其自主运营的积极性和责任感，其弊处不胜枚举。大学应以其目的和品格为出发点，使其作为一个具有合适新形态的公共法人接受一定数额的公费援助。除此之外，让大学自主运营，并承担起管理运营上的所有责任，将有助于大学的发展"。在对这个"新形态的公共法人"下拨资金时，要"根据其目的和品格，合理计算出标准教育费，从中拿出一定数额作为补助金对其发放。同时，还应允许其灵活高效地使用资金"。大学接受这种定额形式的补助后，"要承认大学在事业计划、工资水平、收入等方面相当程度的灵活性，使其通过自主运营的努力发挥自己的特色"。

在中央教育审议会的答复中还补充了几项条件，如"课程费等的受益者负担额应确定在适当额度""就这种财政援助来说，要始终保持国家的主体立场。就援助的效果来说，要时刻进行公正严格的评价"等。答复中的法人化构想虽然没有具体化，却包含了适用于现在日本国立大学法人的内容。

2. 临时教育审议会的答复和法人化论

涉及财政自立的法人化问题，在1984年开始的临时教育审议会上就成为重要的讨论课题之一。在1987年的第三次答复中有以下表述："把国立大学定位为广义上的国家行政组织，常会使之运行僵化，这种存在方式会使大学规格化，制约自身的能动性。""大学的财政基本部分由国费提供"，不可避免地，在"大学的组织计划、预算制定，以及执行、资产管理、人事管理等"方面，"其自由度和自主性会受到限制"，后果是"掠夺了大学的个性，抹杀了大学的能动性"。为此，"今后各大学在承担自己责任的基础上，要大幅度提高其制度的灵活性"。

虽然在这里只强调了强化大学财政自主的必要性，但在有关形态设置的部分中，则有以下说明："国立大学在其组织和运营上有不少需要改革和改善的地方，尤其是大学确立自主、自立和面向社会开展活动的必要性一直以来都备受关注，现在各方面都提议应改变现行的国立大学的设置形态。""虽然一直以来都在讨论接受这些提案，给予国立大学公共法律人格，把它作为特殊法人的可能性，但在国家参与方式、管理运营制度、教职员工的身份、待遇及现行的形态设置的过渡措施等，在各个方面都要考虑许多理论和实际问题。要解决这些问题，需要进行更加广泛和深入的调查研究。"

由此一来，财政自立问题就和加强教育研究活力的问题一起逐渐演变为国立大学的法人化问题。

3. 积算校费制的废除

明治以来，估算校费制作为区别讲座制和学科目制的基础，在国立大

学之间及国立大学内部的预算分配上都扮演着重要的角色。但是，2000
年，在没有经过任何公开讨论的情况下估算校费制就突然被废除。

　　在同一年的预算参照书上是这样解释其理由的："近年来，由于各
学科的发展，学科的分离融合及跨学科领域越来越多，单纯地以实验性
和非实验性来区分已日趋不合理，因此在 2000 年，在没有改变经费性
质及用途的情况下，在经费的估算上，废除了以前的组织等细致区别，
在基于教员数及学生数估算的学校经费上，以各大学等为单位来估算学
校经费，综合了之前的教员人均估算经费及学生人均估算经费，新计算
了教育研究基础学校经费。其中新计入了以教官数估算、学生数估算及
大学的明细。"由于这是个非常技术性的理由，因此没有经过充分的讨
论，长期以来存在的以讲座（及学科目）为基础单位的预算计算方式就
这样轻易地被废除了。

　　只是，作为其伏笔，进入 1975 年之后，在国立大学的预算中出现了
一种不同于教官人均估算经费的"特别教育研究经费"这一项，在估算经
费的增长被严格抑制的情况下，必须指出，该项经费却不断地在增加。在
1990 年，该项经费已经达到教官人均估算经费的大约 1/3，之后持续增
长。从名称上我们已经可以看出，这个"特别教育研究经费"是为了活跃
研究活动并为其准备各项基础条件，重点向特定的大学、学院、研究科及
学问领域的预算中进行投入。也就是说，以讲座制、学科目制的区别为基
础的估算学校经费制度在实质上已经进入了分崩离析的状态。

　　不论哪种情况，在估算校费制被废除之后，学校经费被改为"教育研
究基础经费"，在以学生数和教官数为基础所计算出的学校经费中又加入
了"大学"这一成分。为了使分配额不低于前一年所发放的预算，其开始
被分配到各个大学。这不仅使大学之间的分配基准发生了巨大变化，同时
各大学内部的预算分配方法的自由度也大大地增加了。因为在以往的积算

校费制的制度下，教官人均估算经费本来应该以各讲座及学科目为单位分配给教官，由于该经费中一部分被用来弥补一般管理费的不足，故被理解为这部分资金被本部及学院使用，但这种"理解"的制度基础已经被遗失。预算中的一般管理费、教官研究费、学生经费这种假定的区分消失了，以怎么样的基准来分配，给各学院、学科、讲座、教官各分配多少预算，如何来给管理、研究、教育这些领域进行分配，已经成为需要再次探讨的课题。

实际上不少大学都在对分配基准进行重新讨论，众所周知，各个教官手上拿到的研究费的数额也发生了巨大的变化。同时，与文部科学省所推进的对教官研究费的控制形成了鲜明的对照，科学研究费的额度则大幅增加。这些都共同清楚地体现了使研究费的分配方式变得更具竞争性与重点性的政策。

第六节　日本国立大学法人化改革的财政制度改革

自明治以来，国立大学的法人化问题被屡次提及。2000 年，一部分国家行政机关的"独立行政法人化"构想再次涉及国立大学。由于文部科学省召开了调查研究会议，国立大学法人化改革开始紧锣密鼓地开展起来。日本国立大学法人化改革被认为是效仿了英国的"代理"特别行政法人制度，原本并未把国立大学作为直接的对象而进行构思。2002 年 3 月公布的调查研究会议的报告书《国立大学法人法》就大学的基本特征进行了深入阐释，在研讨的过程中就如何在法人化改革后保证大学的财政自主性进行了深入思考，但这不存在对过去议论参照的迹象。

一、国立大学法人化的背景

（一）国立大学法人化的背景

国立大学在特别会计制度下依然存在很多问题亟需解决，作为解决这些问题的一个基本方案便是国立大学的法人化。

国立大学法人化从 1887 年开始便有所尝试，此后除 1962 年的"大学公社"论，1971 年中央教育审议会的答复、1987 年临时教育审议会的答复和 1988 年大学审议会的答复，作为大学改革的一个环节，法人化论不断被提及。然而，与这些言论相对的是文部科学省一贯所持有的谨慎的态度和姿态。根据 1998 年大学审议会的答复，以法人化为首的国立大学设置形态的相关具体方法长期以来缺乏实践基础，仅仅局限于理论研究之中。就这样，屡次被提及的法人化论，没有被具体化的原因不甚明了，但有一个普遍的看法认为国立大学方面强烈的反对是主要原因。[1] 然而在日本国际化和信息化的不断深入推进、初等和中等教育的变化、适龄儿童的减少、产业结构和就业形势的剧变背景下，针对国立大学有如下一些批判：相对于私立高等教育来说充裕的预算和低廉的学费、对社会需求变化应对迟缓、与国际其他国家相比研究水平相对较低等。为应对此局势，1999 年，文部科学省突然对国立大学法人化转变了方针，其直接的理由是，很多有识之士指出在行政改革的过程中，基于国家对公务员的需求量，要大量削减公务员的数量。

---

① 参见［日］天野郁夫：《日本高等教育改革的动向与问题》，《教育与经济》2002 年第 2 期。

（二）国立大学法人化的基本内容

2003 年，《国立大学法人法》等六个法律被制定。2004 年，国立大学在参考既存的国立行政法人的基础上成立了"国立大学法人"。这是基于对《独立行政法人通则法》直接适用于国立大学有不当之处的判断，其基本理由为：以国家行政组织"瘦身"、提高运营效率为目的的独立行政法人化制度与以高度的教育和研究为目的、需要保障教员和研究者自主性和主动性为根本目的的大学管理在很多方面不相吻合。学校教育法制定者为政府，这一法律赋予各国立大学独立的法人资格，要求教职员实现非公务员化的转变。

在实际运营时，文部科学大臣充分尊重和考虑各国立大学法人的意见，提出原则上以六年为一期的中期目标。以该中期目标为基础，各国立大学法人制定各自的中期目标，并得到文部科学大臣的许可。关于运营成效，由大学评价与学位授予机构对与教育研究相关的事项进行专业的评价，并被文部科学省设置的国立大学法人评价委员会采纳，对国立大学的运营状况进行综合全面的评估。

国立大学法人化改革以来，国立大学在财政制度上发生了一些具体的变革。

二、国立大学法人化财政制度改革

（一）来自政府财政支出的确保

按照法人化改革的具体规定，各国立大学当前实际使用的土地、建筑物、设备等方面，原则上由国家进行实物出资或者无偿提供，据此，各法人持有产业的多少就产生了显著的差距。

国立大学的基本财源是来自在旧国立大学中采用已久的由一般会计方法处理的政府转入金，即除运营费交付金制度外其他没有什么变化。关于交付金，根据国立大学法人案的国会审议，提出"不仅要确保计算方法的透明性和科学性，还要确保法人化改革前政府公费投资的必要额度"等附带决议。并且，政府在财政上所担负的责任在法律上得到了进一步的明确。

但是，根据法人化改革后前四年的运营状况来看，交付金的总额按约 1% 的比例递减。另外，交付金还包括人员费用。2005 年 12 月 24 日的内阁会议决定，到 2010 年，人员费要完成削减 5% 的目标。尽管只是中期计划，但是基于政府预算单年度主义的交付金的分配额和分配方法的变更，以及对长期发展的展望，国立大学有经营困难的局面出现。在交付金的构成中，按特别教育研究经费而设置的科目，除附属医院运营费交付金之外，一部分竞争性经费由自己分配，这部分仅占总额的 7% 而已，根据这种状况，出现了要求进一步加强交付金竞争性分配的诉求。其中，学生数量与科学研究补助金的比例作为分配标准的一个例子被提了出来。

与此提议相对应的便是，人文学科的基础性研究和处于萌芽阶段的研究停滞不前，拥有大规模教员和设施设备的旧制国立大学在资金集聚上更为有利，地方小规模大学的预算额日益萎缩，这便产生了对大学间、地域间的差距不断扩大等的质疑。

（二）设施整修财源的确保

关于设施整修经费问题，除国家直接的财政补贴、交付金中的教育设施等基础经费之外，文部科学省还有设施整修计划，以设施整修费的方式拨付给各国立大学。此外，以附属医院相关设施建设和设施转移等为目的的土地的获取以及以设施建设而形成长期贷款和发行的大学债权也是被允许的。国立学校特别会计可以承担的是：（1）按照盈余和学校财产处置费的累积用于充当两年以上的设施建设费财源，以及按照学校处置费的联营而充当其他大学的设施配备费，两者在时间、空间方面的再分配调整机能；（2）作为附属医院设施费、设施迁移费等经费的财政投融（投资和融资）资金中的资金筹措这个机能的一种替代。国立财务、经营中心的设施借贷项目（附属医院设施等的配备）和设施费交付项目（国家设施配备费补助金的补足）因承担了上述机能而被设置。

对于文部科学省的设施整修计划，制订了《国立大学等设施紧急整修五年计划（2001—2005）》。全体的完成情况为：整修面积为 421 万平方米（完成率 71%）、花费约为 1.38 兆日元（占整体开支的 88%）。其中因为优先目标而设置的大学院设施约为 120 万平方米、卓越研究点约为 40 万平方米、先端医疗对应的附属医院约为 50 万平方米。但还剩下老化改善目标的一半，约为 209 万平方米尚待投入。接着就制订了《第二次国立大学等设施紧急整修五年计划（2006—2010）》，将老旧设施再生作为最重要的课题，包括推进老旧设施再生（约为 400 万平方米）、附属医院再生（约为 60 万平方米），两项合计需要花费大约 1.1 兆日元。然而在严峻的财政压力下，文部科学省就这些财源的解决途径对国立大学提出了新的要求："积极讨论关于自主努力获取新的财源的可能性"，除了捐赠收入、自我收入之外，还要积极与产业界和地方公共团体合作进行设施整修，推出并奖励新的设施整修手段。

在此状况下，2005 年将《国立大学法人化法》进一步修正为：为设施整修进一步扩大长期借款的对象，第一次将借入来自民间金融机构的资金纳入设施整修计划之中。与这一点相关的是，国立大学法人的等级分配也处于持续推进之中。但是，由于历史原因，资本差距、自主财源、运营费交付金的分配、是否有附属医院等作为评级时的材料，以及来自民间金融机构资金获取的难易程度，在各大学法人之间所存在的差距也成为现实的问题。

此外，私人融资活动（PFI）还被引入设施整修费的获取途径中。自2004 年以来，可以明显看到一些改善，如经营业务范围在扩大，通过实时操作（Rehabilitate Transfer Operate）开展的项目数量在增加等。但是有人指出，引入 RTO 难度较大，这会导致参与投标的人数太少，造成无竞争状态。此外也有人担心，需要依靠长期借款对象的增加来发展自身的 PFI 项目，其数量会减少。

另外，还有人就设施腐朽化问题指出，20 世纪 60 年代以后，重心都放在扩建特定设施和目的设施上，既设院系等的设施整修预算没有增加过。在美国，曾经出现在设施需要更新时限制设施整修费的情况，结果导致设施加速老化，不仅妨碍了教育研究活动，而且财政上不得不支付更多的改良费。从恰当的资产形成和资产维持的观点来看，在何时、以何种方式进行设施整修是对各法人来说最重要的事项之一。各法人应改善设施管理，同时国家在制订设施整修计划和分配设施整修费时，还应听取各法人的意见，使分配过程透明化，对因设施整修费而形成的资产进行恰当的评估，这些都是必不可少的。

（三）长期借入金的偿还和附属医院的经营

用于设施整修的长期借款的偿还，由国立财务、经营中心一并承担所有债务，文部科学大臣决定的金额由其选定的国立大学法人（拥有附属医院的法人）负担，国立财务、经营中心汇总后偿还财政融资资金。

但是，除了要偿还债务，附属医院每年的经营费补助金也会被削减，金额相当于上一年附属医院收入的 2%，再加上 2006 年修改诊疗报酬所带来的影响，提高效率已迫在眉睫。国立大学协会以国际研究指标为基础分析指出，在临床医学领域，获得较高国际评价的论文数量在 2006 年比法人化前的 2003 年减少了 10%。其原因在于，作为研究者的医生为了弥补被削减的补助金和增加收入的需要，就把主要精力放在诊疗上，研究时间自然就减少了。

（四）法人化改革会计制度的改善

根据独立法人通则法，企业会计原则、各种财务报表的制作、会计监察人的监察都适用于国立大学法人的财务及会计事务。除此以外，国立大学法人在利益及损失的处理、短期借款、闲置费用的使用、财产处置的限制和会计章程等方面也采取和独立行政法人一样的处理方式。

会计制度具体是由国立大学法人会计基准及其解释法来规定的。这是基于教育、研究的目的，并立足于自身收入（附属医院的收入等）的比例大大超过独立行政法人这一事实，从确保各国立大学法人间有进行比较的可能性的观点出发，修正了独立行政法人会计基准及注解后得来的。此后，虽然其因公共会计产生的问题被消除了，但又产生了难以和过去的国立大学财政作比较的困难。此外，还产生了以下问题。

第一，有关会计实际业务复杂化问题。由于财源多种多样，因此有必要对每种财源进行会计处理，这就使得会计实务复杂化。以设施整修为例，财源有设施费补助金，或者自身收入、借款和经营费补助金，或者竞争的研究资金，根据不同的来源，会计处理会有所差异。而且，当把这些资金组合在一起或转入公积金后，用来购买设施时如何进行处理也成为一个问题。此外，由于设施整修通过设施整修费补助金的形式、经营事业通过经营补助金的形式把财源分开来，若将设施整修和经营事业一起进行，就有可能抹杀用于提高业务效率的 PFI 的优点。

第二，有关财务信息明示的部门区分问题。当国立大学法人的部分业务信息中的内容涉及多个方面时，从说明责任的观点出发，应明示包括业务部分的财务信息。除附属医院外，部门的区分暂时根据各法人所认为的恰当的方式来进行。把附属医院作为应该共同明示的部分分开，是为了把其事业收入作为担保，并从财政投资和融资资金中获得贷款。但是，就附属医院以外的业务来说，从确保法人之间相互比较的可能性的观点来看，要加紧确立恰当的、共同的部门区分，并基于这个区分来进行信息明示。

第三，由于大学的设置形态不同，现在的会计基准有所差异，难以进行横向比较。2006 年，日本大学数量如下，国立大学法人 87 个，公立大学法人 23 个，公立大学 53 所，学校法人 565 个，股份有限公司 6 家。从在校学者数量来看，正是因为私立大学的学者人数占了总数的约 75%，因此可以对会计基准的改定加以讨论，以进一步提高国立大学和私立大学进行比较的可能性。

三、国立大学法人化财政制度改革的思考

由于国立大学经营的自立性和自律性不断被期待，因此国立学校特别会计制度被废止，增加自我收入的行为受到制度上的奖励，给予国立大学包括运营费交付金在内的所有预算的分配、使用等的自由权力。需指出，各大学要设立中期目标，制订中期计划并得到文部科学大臣的承认，并有于六年后关于其完成情况接受国立大学评价委员会的第三者的评价，其评价结果将直接反应在其运营费交付金的计算上。关于这点我们已经探讨过，从明治初期国立大学特别会计制度设置以来，国立大学的财政制度已经走过一个世纪之久，根据国立大学独立行政法人化改革，国立大学的财政制度即将走入一个全新的时代。但是，国立大学的管理运营系统和教育研究活动将会发生什么样的变化？保障大学的自立性、自主性，其边界在哪里？甚至是运营费交付金计算标准的客观性和科学性也会不断受到挑

战，因此，今后面临的问题必定不少。所以日本国立大学财政制度史上最大的制度改革发展方向，应该受到密切的追踪和关注。

第七节　日本国立大学财政制度变革的特征

从明治时代以国立大学为代表的日本现代公立高等教育建立起，日本政府在高等教育财政制度上便给予国立大学特殊的地位以保证国立大学能得到优先发展，到第二次世界大战前针对国立大学的定额制的设立，进一步保障了国立大学办学经费的稳定性和凸显了其地位的特殊性；第二次世界大战期间，由于日本社会急剧变革，定额制因对国立大学发展的制约性日趋明显而被废止，并实施了旨在增强国立大学财政自主性的国立大学特别会计制度；第二次世界大战结束后，日本对国立大学全方位的改造，以新制大学为特征的财务制度改革在保证国立大学特殊性地位的同时，也给予了其他国立大学同等财务地位，并开始注意预算分配的公平性和科学性问题；日本第二次世界大战后经济社会快速发展期间，针对国立高等教育财政制度的改革在保障国立大学的财务来源稳定性的同时，开始探索实现国立大学财务自主性和自立性的问题，鼓励国立大学对自我收入予以重视以减轻政府的财政压力和增强国立大学的财政实力；最后便是到了现在的国立大学法人化改革，从 2004 年开启的法人化改革，以给予国立大学独立的法人化地位为核心，在管理制度、财政制度等方面发生了巨变，其中在财政制度改革上，进一步在法律上明确大学的财政自主性和独立性，逐渐减少国立大学对来自政府投入资金的依赖（每年按 1% 的额度递减），积极鼓励国立大学对自我收入和外部资金的拓展，从根本上增强了国立大学的生存危机意识和办学自主性。

日本国立大学一百多年的发展，始终伴随着财务制度的不断变革，其财务制度演变历程有以下几个基本特征：一是明确政府对高等教育的责任。从日本公立高等教育创办至今其投资主体一直是政府，来自政府的公共投资有力地保障了日本公立高等教育的发展壮大。二是给予国立大学特殊的地位。国立大学对于日本近代社会的发展作出了不可磨灭的贡献，与此同时政府也给予了其非同一般的特殊地位，定额制、国立大学特别会计制度等都是具体体现。三是逐渐意识到并切实增强了公立高等教育在财政上的自主性和自立性。最明显的便是现在的国立大学法人化改革，从财政制度设计上就确立了国立大学的自主性身份，并积极推动其实现财政上的自立。四是财政制度变革的多方参与性。从前面的叙述中我们可以看到，每次日本公立高等教育财政制度的变革都伴随着日本政府各方面及社会的广泛参与，在政府方面包括文部科学省、大藏省（财政部）、议会，甚至皇室等都积极参与了进来，同时社会各界也积极参与。这不仅体现了财政制度改革的民主性，更重要的是增强了其科学性，多方联动、多方讨论和参与的改革，能将改革的风险值降到最低。

第三章　日本七所国立大学法人化改革后财务分析

　　日本于 2004 年开始正式实施国立大学法人化改革，国立大学的管理制度发生了一系列深刻的变革，其中也包括国立大学财政管理制度的变革。从法人化改革开始到 2017 年的 13 年时间里，日本国立大学财政管理究竟发生了什么变化？本章将对 2004—2017 年日本各主要国立大学公布的财务报告进行分析，对其财政管理进行全面、客观和理性的审视和剖析，通过财务分析掌握法人化改革后七所国立大学财政结构变化情况和一般规律，并重点关注非政府办学经费在法人化改革后发生的改变。为此，本章首先简要介绍财务分析的研究方法论，包括分析对象、分析内容和分析工具；其次从宏观上描述七所国立大学在法人化改革后其财政发生的变化；最后从微观视角分别分析财务结构中各微观组成部分的变化情况。

第一节　财务分析方法论问题

一、分析对象

本章财务分析的对象选择了在日本国立高等教育体系中占据核心地位的七所国立大学，这七所国立大学无论是在人才培养、科学研究还是社会服务上都处于主导地位，其改革的一举一动备受关注。因此对这七所国立大学法人化改革后的财务分析具有较强的实践意义。七所国立大学的基本情况如表3-1所示。

表 3-1　日本七所国立大学的基本情况

基本情况 名称	创办时间（年）	在校人数（人）	教职员数（人）
东京大学	1877	26750	7945
大阪大学	1869	23304	6654
京都大学	1892	22654	5489
东北大学	1907	26499	6404
北海道大学	1876	18009	4021
九州大学	1911	18668	4403
名古屋大学	1871	16439	3957

（资料来源：根据各校官方网站上的信息整理而成，统计时间截至2019年7月。）

本章的主要任务就在于通过对日本七所国立大学从2004—2017年财务运行状况的分析，揭示法人化改革后日本国立大学财务发展的现状和一般规律，以及对非政府办学经费的拓展情况和一般规律。因此其内容主要包括以下三个方面：（1）对法人化改革后日本七所国立大学财务状况宏观的总体描述；（2）对七所国立大学财务构成中各具体组成项目进行微观描述和分析；（3）对七所国立大学非政府办学经费的描述分析。

二、分析工具和方法

财务分析的方法与工具众多，具体应用应根据分析者的目的而定。最经常用到的还是围绕财务指标进行单指标、多指标综合分析，再加上借用一些参照值（如预算、目标等），运用一些分析方法（如比率、趋势、结构、因素等）进行分析，然后通过直观、人性化的格式（如报表、图文报告等）展现给用户。

一般来说，财务分析的具体方法主要有以下四种：

（1）比较分析：是为了说明财务信息之间的数量关系与数量差异，为进一步的分析指明方向。这种比较可以是将实际与计划相比，可以是将本期与上期相比，也可以是与同行业的其他企业相比。

（2）趋势分析：是为了揭示财务状况和经营成果的变化及其原因、性质，帮助预测未来。用于进行趋势分析的数据既可以是绝对值，也可以是比率或百分比数据。

（3）因素分析：是为了分析几个相关因素对某一财务指标的影响程度，一般要借助于差异分析的方法。

（4）比率分析：是通过对财务比率的分析，了解企业的财务状况和经营成果，往往要借助于比较分析和趋势分析方法。

第二节　法人化改革后各校宏观财务状况分析

对财务状况的宏观把握，就是对各校各年度财务决算总额进行的比较分析，主要有以下两个维度：一是年度各校之间财务总额的比较，以展示这七所国立大学在财务总额上存在的差异及这种差异的变化情况；二是对各校财务总额的纵向比较，以展示法人化改革后这七所国立大学在财务总量上的变化情况。所有这些财务数据均基于年度国立大学法人的财务决算书中的年度决算总额。

一、各年度各校财务状况横向比较分析

（一）2004 年七所学校决算总额情况

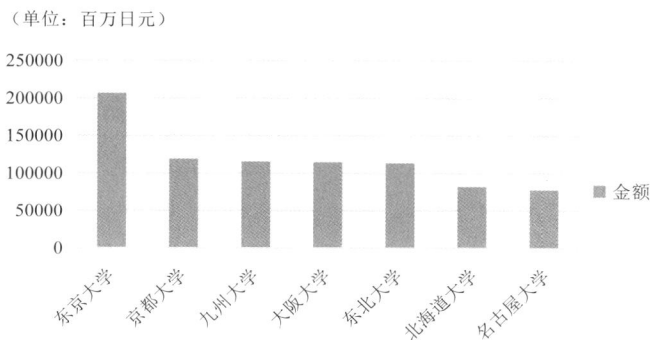

图 3-1　2004 年七所学校决算总额

（数据来源：根据各校财务报表整理所得。）

2004 年是日本国立大学法人化改革的元年，各国立大学正按法人化改革案的规定进行各自办学政策和具体策略的调整。各国立大学面临更严峻的财政压力，因为来自政府的公共开支要按年度 1% 的比例递减，所以各校要努力拓展学校财源的其他来源渠道。由于各校之间存在主客观差异，法人化改革后名校在财务总额上也会发生较大的变化，在本章的最后将以年度为基本单位计算各年度各校之间在财经总额上存在的差异，以进一步检验国立大学法人化改革对国立大学财务的影响。

（二）2005 年七所学校决算总额情况

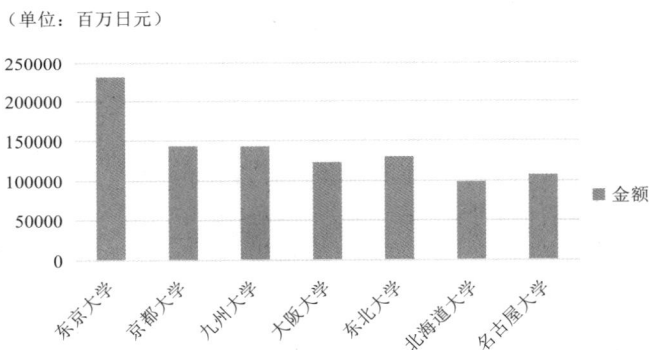

（单位：百万日元）

图 3-2　2005 年七所学校决算总额

（数据来源：根据各校财务报表整理所得。）

比较图 3-2 和 3-1，就可以发现仅仅过了一个会计周期的发展时间，七所国立大学在财政总收入的位置上就有了轻微的变化，东北大学超越了大阪大学，名古屋大学也超越了北海道大学。

（三）2006 年七所学校决算总额情况

相较于 2005 年，2006 年各校在财政收入决算总额上均出现了较为明显的下滑趋势，其中可以很明显地看到东京大学的财政总收入降低到了

（单位：百万日元）

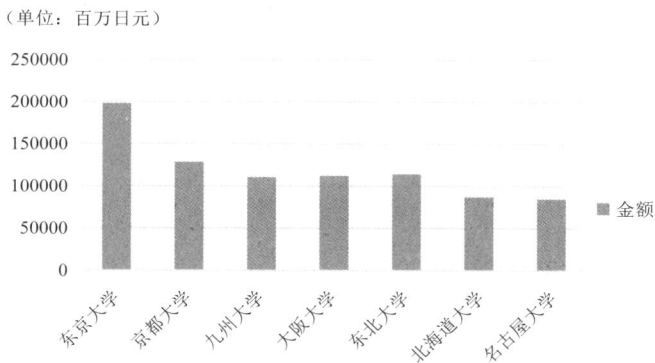

图 3-3　2006 年七所学校决算总额

（数据来源：根据各校财务报表整理所得 。）

2000 亿日元以内，降幅比例达到了 14.47%（2005 年东京大学总收入为
2315.45 亿日元，2006 年总收入为 1980.29 亿日元）。至于具体是什么
原因造成如此大的下滑，我们暂且不谈。但由此可以看出，法人化改革
给各校带来了严峻的财政压力，各国立大学不得不采取多种措施扭转这
一不利局面。

（四）2007 年七所学校决算总额情况

（单位：百万日元）

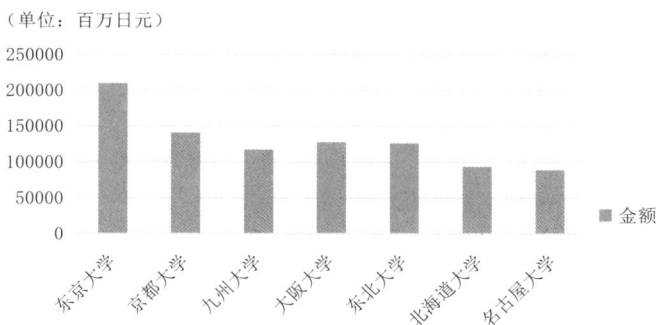

图 3-4　2007 年七所学校决算总额

（数据来源：根据各校财务报表整理所得。）

较 2006 年严峻的财务状况，2007 年各校财务总收入有所增长，东京大学总收入重新增长到 2000 亿日元以上，大阪大学的总收入第一次排在了第三名。

（五）2008 年七所学校决算总额情况

（单位：百万日元）

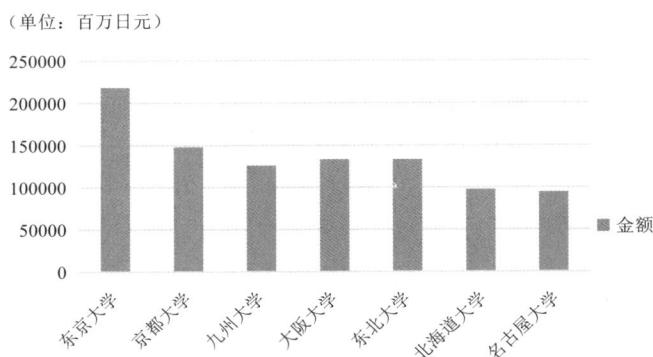

图 3-5　2008 年七所学校决算总额

（数据来源：根据各校财务报表整理所得。）

较上一个会计周期，2008 年各校财政总收入呈现出了稳定增长的态势，但各校在总收入位次上没有发生变化。

（六）2009 年七所学校决算总额情况

（单位：百万日元）

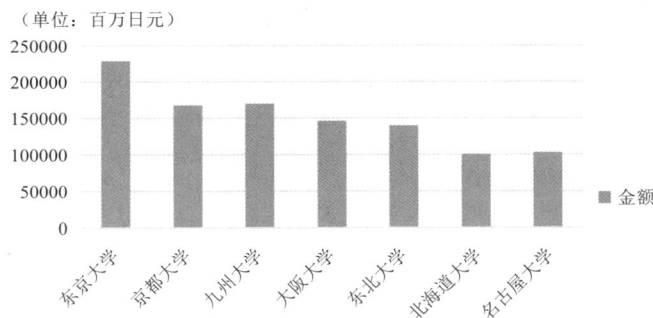

图 3-6　2009 年七所学校决算总额

（数据来源：根据各校财务报表整理所得。）

较上一个会计周期，本期发生的两个最大变化是：首先，九州大学在这一会计年度的财政总收入出现了猛烈的增长，从 2007 年的 1171.78 亿日元增长到 2009 年的 1698.01 亿日元，一举超越大阪大学和京都大学，位居第二，至于是什么原因导致其如此大幅度的增长，在后面的微观财务分析中将作出回应；其次，北海道大学财政总收入首次突破 1000 亿日元，达到了 1007.11 亿日元。从整体上看，本年度各校继续保持了较快的增长率。

（七）2010 年七所学校决算总额情况

（单位：百万日元）

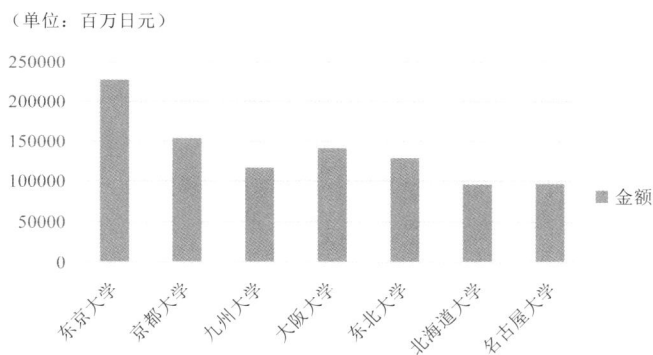

图 3-7　2010 年七所学校决算总额

（数据来源：根据各校财务报表整理所得。）

与 2009 年相比，2010 年，除东京大学的财政总收入继续保持稳定外，其他学校均有一定程度的下降，其中九州大学下降幅度最大，从前一年度的第二名下降到本年度的倒数第三名。此外，名古屋大学和北海道大学的财政总收入重新回落到 1000 亿日元以内。由此可见，法人化改革后各校面临着巨大的财政压力和竞争压力，同时其财政收入也具有很强的不稳定性。

（八）2011年七所学校决算总额情况

与2010年相比，2011年，除东京大学的财政总收入继续保持稳定、东北大学有所增长外，其他学校均有一定程度的下降。此外，北海道大学的财政总收入也低于名古屋大学，位居第七名。由此可见，随着法人化改革的不断深入，各学校在财政收入上所呈现出的不稳定性日益明显，面临的外部竞争日趋激烈。

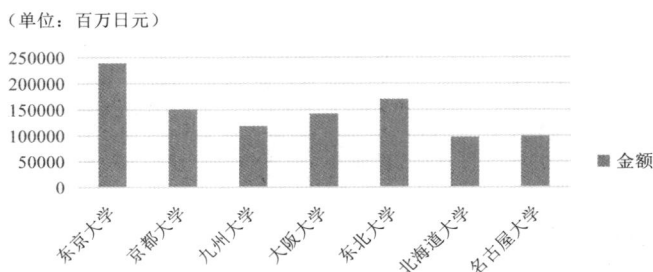

图3-8 2011年七所学校决算总额

（数据来源：根据各校财务报表整理所得。）

（九）2012年七所学校决算总额情况

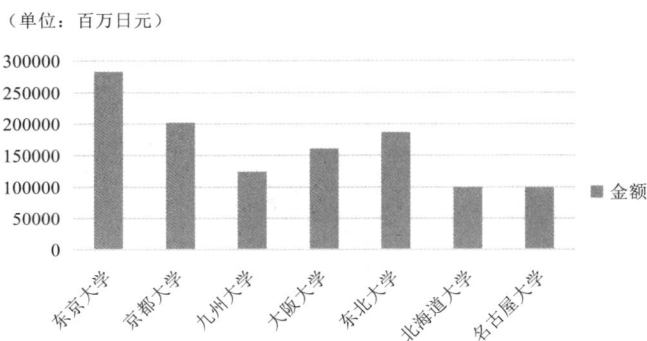

图3-9 2012年七所学校决算总额

（数据来源：根据各校财务报表整理所得。）

与 2011 年度相比，2012 年度各学校办学经费总收入均有一定程度的缓慢增长，其中增幅较为明显的是东京大学与京都大学。

（十）2013 年七所学校决算总额情况

（单位：百万日元）

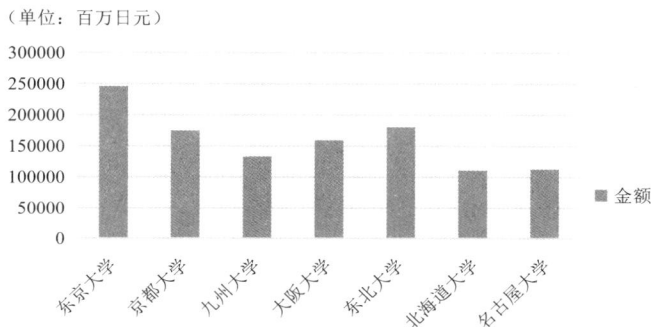

图 3-10　2013 年七所学校决算总额

（数据来源：根据各校财务报表整理所得。）

2013 年与 2012 年相比，东京大学、京都大学和东北大学的总收入呈下降趋势。

（十一）2014 年七所学校决算总额情况

（单位：百万日元）

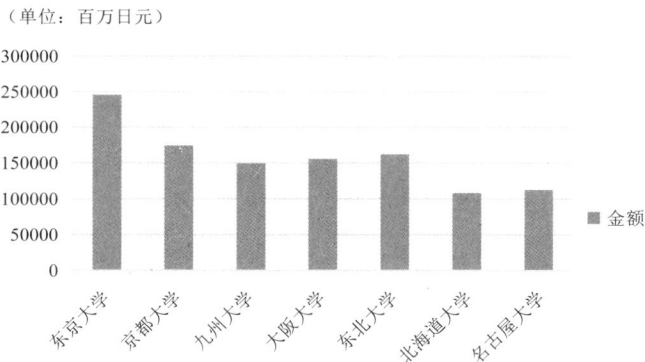

图 3-11　2014 年七所学校决算总额

（数据来源：根据各校财务报表整理所得。）

本年度与 2013 年度相比，东北大学决算总额有所降低，但依然位居第三位，究其原因在于其补助金等收益有所降低。其他几所学校的办学经费同样也增长缓慢。

（十二）2015 年七所学校决算总额情况

（单位：百万日元）

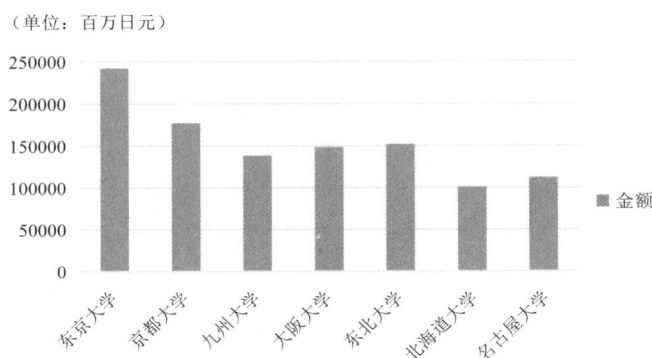

图 3-12 2015 年七所学校决算总额

（数据来源：根据各校财务报表整理所得。）

到了 2015 年，七所学校的收入与法人化改革之初相比都得到了较大幅度的增长，特别是东京大学、京都大学、东北大学和名古屋大学的增幅较为明显。各学校已经逐渐适应了法人化改革带来的政府直接拨款下降的影响，越来越重视对非政府办学经费的拓展，以此实现办学经费的不断增长。

（十三）2016 年七所学校决算总额情况

2016 年度变化较大的是东京大学的财政总收入有所增加，达到了 2500 亿日元，而北海道大学的财政总收入不足 1000 亿日元，其他几所学校同样保持着缓慢的增长。

（单位：百万日元）

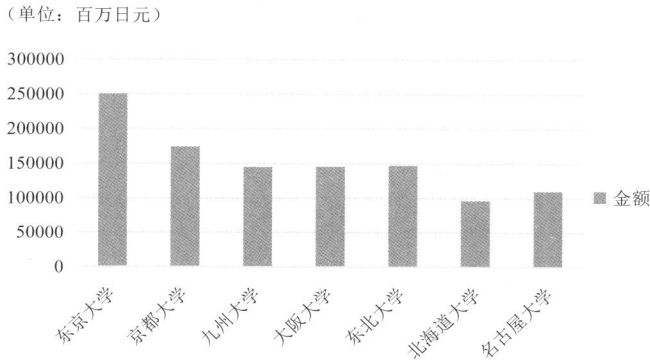

图 3-13　2016 年七所学校决算总额

（数据来源：根据各校财务报表整理所得。）

（十四）2017 年七所学校决算总额情况

（单位：百万日元）

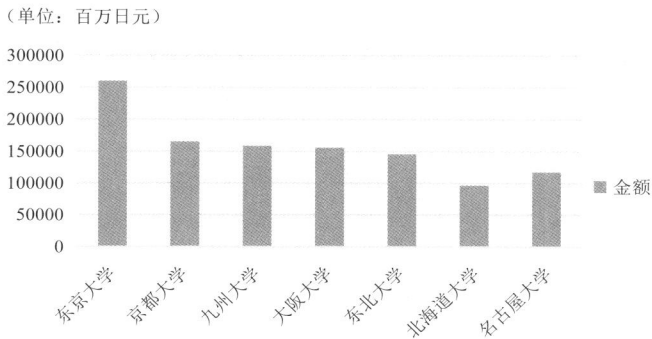

图 3-14　2017 年七所学校决算总额

（数据来源：根据各校财务报表整理所得。）

2017 年度，东京大学的决算总额继续增长，突破了 2500 亿日元。九州大学和大阪大学决算总额也双双突破了 1500 亿日元，其他各校决算总额与 2016 年相比无明显变化。

通过对 2004—2017 年日本实行法人化改革后七所国立大学的决算总额进行分析得知，日本七所国立大学在办学经费总收入上整体变化较大，且得到了稳步的增长。可以说，各个学校经受住了法人化改革带来的冲击。它们通过多种形式的非政府办学经费拓展活动，以弥补政府公共开支缩减带来的缺口。

二、各校财务状况纵向比较分析

前面以时间为维度，分别展示了 2004—2017 年这 13 年间日本七所国立大学办学经费的整体发展情况。但这七所学校各自呈现什么样的发展趋势并不清楚，因此本部分以各个学校为单位，从纵向角度审视 2004—2017 年间各学校财政总收入的发展情况，并总结各学校发展的基本规律。

（一）东京大学

东京大学是日本创办的第一所国立大学，也是亚洲创办最早的大学之一。它的前身是明治时期创办的东京开成学校和东京医科学校。如果追溯得更远些，东京大学最早是由幕府时期设置的"兰学"机构"天文方"、昌平坂学问府、种痘所历经演变而来。明治维新初期，日本政府公布了

(单位：百万日元)

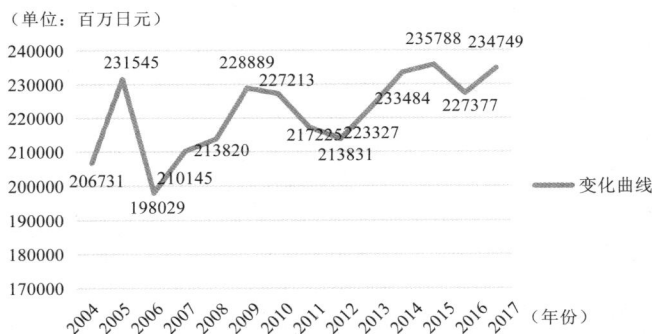

图 3-15　2004—2017 年东京大学财政总收入发展趋势

(数据来源：根据东京大学财务报表整理所得。)

"新学制令"，为了向欧美学习，于 1877 年根据文部省指示将上述两校合并，定名为东京大学。东京大学既是日本最早的一所现代大学，也是日本从古到如今最重要的一所大学，它在各个时期都是日本高等教育变革的领头羊，其一举一动备受社会各界关注，这次法人化改革同样也不例外。图 3-15 描述了东京大学 2004—2017 年财政总收入的变化情况。

从图 3-15 可以清晰地看到，东京大学的财政总收入自法人化改革后并非一直处于上升状态，2005 年与 2004 年相比有一个猛烈的增长，其财政总收入突破了 2300 亿日元，但是到 2006 年又有了猛烈的下降，下降到甚至不如法人化改革之初的水平，跌破了 2000 亿日元。从 2007 年开始直到 2009 年便一直处于缓慢上升状态，但其上升的幅度并不大，一直未能超过 2005 年时的最高点。之后从 2013 年开始又有持续的增长，截至 2017 年，东京大学财政总收入达到了 2347.49 亿日元，比法人化改革之初增长了 300 多亿日元。

（二）京都大学

京都大学（Kyoto University）简称京大，是日本继东京大学之后成立

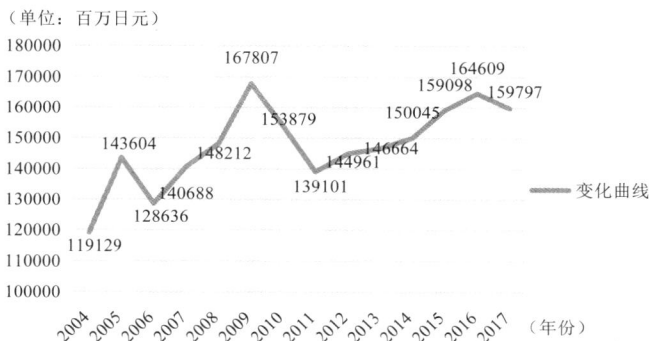

图 3-16　2004—2017 年京都大学财政总收入发展趋势

（数据来源：根据京都大学财务报表整理所得。）

的第二所国立大学。1892 年，23 位国会议员在向国会提出的一个议案中提出，日本仅有一所东京国立大学，缺乏竞争，不利于办学和学生的培养，建议在当时的西京——京都建一所大学。1897 年议案被通过，大学得以诞生，当时定名为京都国立大学。京都国立大学也是日本最为重要的国立大学之一，其办学水平一直处于日本各国立大学前列，与东京大学形成了强有力的竞争关系。法人化改革后，京都大学面临着来自东京大学等其他国立大学更强有力的挑战，图 3-16 是京都大学 2004—2017 年财政总收入发展趋势。

京都大学财政总收入从整体上看处于缓慢的上升状态，从法人化改革之初的 1191.29 亿日元上升到 2017 年的 1597.97 亿日元。从法人化改革十多年的情况看，京都大学也基本经受住了政府拨款下降的冲击，办学经费得到了一定程度的增长。

（三）大阪大学

大阪大学（Osaka University）位于日本关西地区工业城市大阪，是第二次世界大战前日本成立的第六所国立大学。与其他由政府直接创办，培养政府官员、专家、学者、技术人员的国立大学不同，它是由民间力量向政府申请创建的。大阪大学起源于 1724 年设立的汉学塾怀德堂和 1838 年由绪方洪庵设立的兰学塾——适塾。1931 年，依据《帝国大学令》创设了由医学部和理学部组成的大阪国立大学。

同京都大学一样，大阪大学在法人化改革后，其财政总收入也呈现出缓慢的上升态势，但上升的幅度很小，之间还出现了四次下降，分别是2005—2006 年、2009—2011 年、2012—2013 年、2015—2016 年。但较法人化改革之初，大阪大学办学经费总收入依然有较大幅度的增长，增长总额度也超过了 300 多亿日元。

（单位：百万日元）

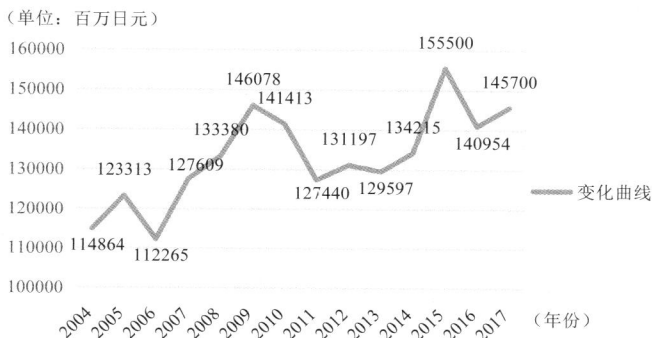

图 3-17 2004—2017 年大阪大学财政总收入发展趋势

（数据来源：根据大阪大学财务报表整理所得。）

（四）东北大学

日本东北大学（Tohoku University）位于日本东北地方最大都市——仙台市，是一所研究型综合国立大学。东北大学创立于 1907 年，是继东京国立大学、京都国立大学之后设立的日本第三所国立大学。东北大学的前身是旧帝国大学之一的东北帝国大学，第二次世界大战后，改为东北大学。

（单位：百万日元）

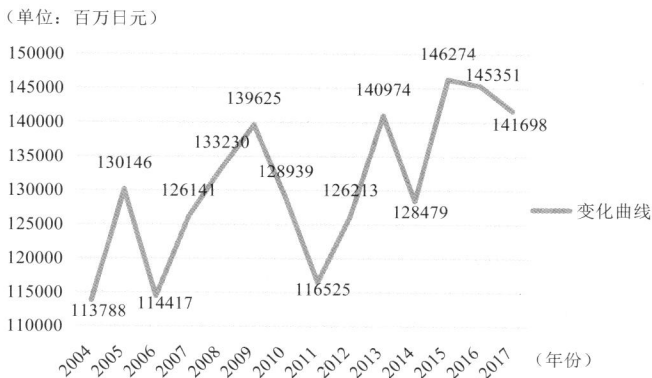

图 3-18 2004—2017 年东北大学财政总收入发展趋势

（数据来源：根据东北大学财务报表整理所得。）

从图 3-18 来看，东北大学法人化改革后的十多年里，其财政总收入也呈现出了波浪式的缓慢增长态势。从法人化改革之初的 1137.88 亿日元增长到 2017 年的 1416.98 亿日元。

（五）名古屋大学

名古屋大学是一所位于日本爱知县名古屋市的日本国立大学。目前是包含 10 个学部与 15 个研究科的综合大学。名古屋大学的前身为 1871 年成立的临时医院与临时医学校，后升级为医学专门学校、医科大学，1947 年正式更名为名古屋大学。经过多年的发展，名古屋大学奠定了其作为日本中部地区核心大学的地位，发展成为一所全国重点综合国立大学。

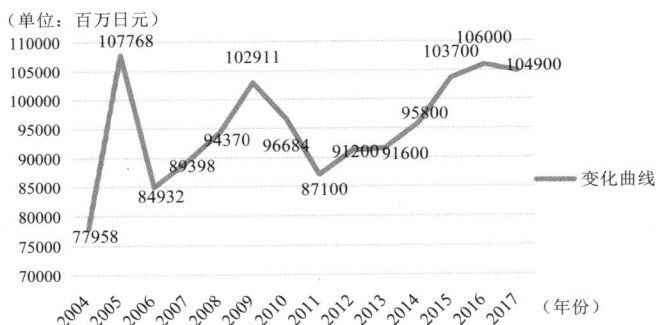

图 3-19　2004—2017 年名古屋大学财政总收入发展趋势

（数据来源：根据名古屋大学财务报表整理所得。）

名古屋大学在法人化改革后的财政总收入发展趋势和东京大学类似，从 2004—2005 年有一个猛烈的增长，然后到 2006 年又猛烈地下降。之后便处于缓慢的增长状态，但即使到 2009 年也未能超过 2005 年的最高点，2009 年后又呈现下降状态。从 2011—2017 年又呈现出缓慢的增长状态。从整体上看，在法人化改革后，名古屋大学的财政总收入是呈上升

状态的，从法人化改革之初的近 780 亿日元增长到 2017 年的近 1050 亿
日元。

（六）北海道大学

北海道大学的前身为 1876 年为开发北海道而设立的札幌农学校。
1907 年，其被设立为东北帝国大学农科大学，1918 年更名为"北海道帝
国大学"。第二次世界大战结束后，改制为新型大学，并开始使用"北海
道大学"的校名直至今日。北海道大学的建校理念为进取精神、求实、国
际性的修养等。1952 年，东京大学校长矢内原忠雄这样评价道："明治初
年，日本的大学教育中有两个中心。一个是东京大学，另一个就是札幌农
学校。这两个学校打下了日本教育的国家主义和民主主义两大思想的基
础。"北海道大学远离日本本土，在与其他几所国立大学相竞争时具有先
天不利的地域劣势。图 3-20 展示了 2004—2017 年北海道大学财政总收
入发展趋势。

法人化改革后，北海道大学财政总收入在整体上也呈现出缓慢上升的

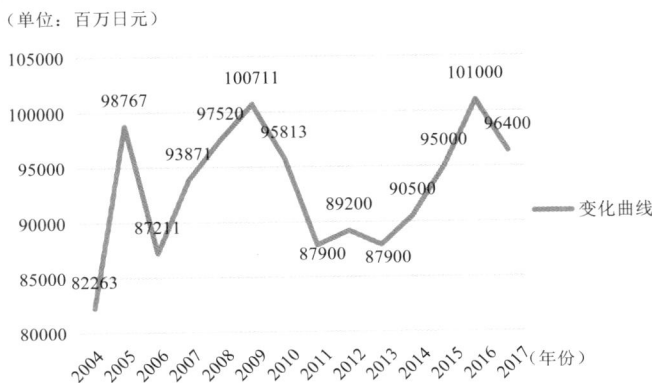

（单位：百万日元）

图 3-20　2004—2017 年北海道大学财政总收入发展趋势

（数据来源：根据北海道大学财务报表整理所得。）

趋势，但上升的幅度很小，且在上升的过程中还伴随多段时期的下降。但从整体来说，较之法人化改革之初，北海道大学的财政总收入还是有较大幅度增长的。

（七）九州大学

九州大学于1911年开始设立，当时只设有九州帝国大学医科大学和九州帝国大学工科大学两个学科。1919年除了根据修改"大学令"，将原有的两个分科大学改成医学部和工学部，又增设了农学部。以后六年间又增设了法文学部、理学部。第二次世界大战后，日本对教育体制进行了彻底的改革，把九州帝国大学改为九州大学。

同其他六所国立大学相比，在法人化改革后，九州大学的财政总收入呈现出更复杂的发展状况。2004—2005年处于增长状态，到2006年下降1106.80亿日元，2006年后一直到2009年一直处于上升状态，但是从2009年后出现了一个幅度很大的下降。2011年后，又有缓慢的增长，2017年的财政总收入增长到1266亿日元，较之法人化改革之初的1157.5亿日元，还是有较大幅度增长的。

（单位：百万日元）

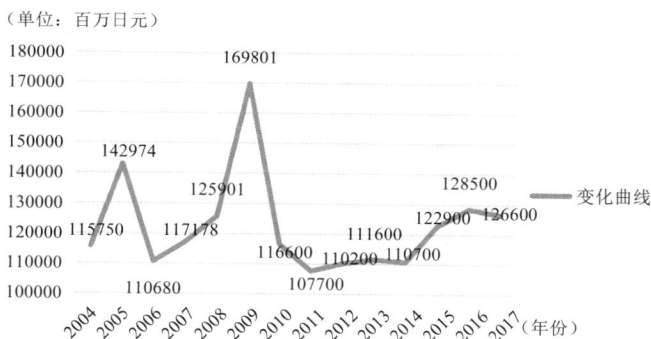

图3-21　2004—2017年九州大学财政总收入发展趋势

（数据来源：根据九州大学财务报表整理所得。）

第三节　微观财务状况分析

前面一节从宏观上描述了法人化改革后日本七所国立大学的财务发展状况，对法人化改革对各学校财务的影响有宏观上的把握和理解。本节将进一步深入考察各学校在法人化改革后微观财务状况发生的变化，即财务结构中各组成部分的变化。正是这些微观构成部分的变化才导致了宏观财务结构的变化。根据法人化改革的具体规定，作为独立法人的国立大学在法人化改革后其财务构成如表 3-2 所示。

表 3-2　法人化改革后日本国立大学财务收入构成表

来自政府公共支出的收入	自我收入
运营费交付金	学费、入学费等收入
设施整修费补助金	附属医院收入
设备整修费补助金	财产处理所得收入
船舶建造费补助金	杂项收入
其他补助金等收入	产学合作研究收入及捐赠金收入等
国立大学财务、经营中心的设施费交付金	长期借贷收入
	旧法人继承金等

在日本国立大学收入构成中，一些收入项目并非常规项目，其涉及资金的金额很少甚至在很多年度缺失，因此在接下来的分析过程中这些将不作为分析项目，而只是就国立大学财务收入构成中的一些常规项目、对其总收入发展状况有影响力的项目进行详细分析，分析项目如表 3-3 所示。

表 3-3　本书财务分析涉及项目表

来自政府公共支出的收入	自我收入
运营费交付金	学费、入学费等收入
	附属医院收入
	杂项收入
	产学合作研究收入及捐赠金收入等

一、来自政府公共支出的收入财务状况分析

日本国立大学法人化改革的主要目的之一就是逐渐缩减政府对国立大学的公共支出，以切实减轻政府的财政负担，并逐渐实现国立大学在财务上的自主和自立。因此，根据日本国立大学法人化改革案的相关规定，政府对各国立大学的直接拨款要逐年递减，其中占国立大学收入最重要位置的"运营费交付金"按每年 1% 的比例递减。下面我们将根据七所国立大学 2004—2017 年财务报表的内容，对此进行分析和考据。

（一）对 2004—2017 年来自政府公共支出的七校收入总额发展趋势分析

无论在法人化改革前还是改革后日本国立大学收入的主要来源，都是政府的公共支出。法人化改革后，政府要求逐渐减少对国立大学的投入，以此减轻政府的财政负担并增强各大学的危机意识和主动意识，最终实现增强日本国立大学实力的目标。因此，首先从整体上统计法人化改革后各校获得政府公共支出收入总额的情况。

运营费交付金包括标准运营费交付金、特殊运营费交付金和附属医院运营费交付金。标准运营费交付金按照统一标准向各法人支付，附属医院运营费交付金根据是否设有附属医院而决定是否支付。而特殊运营费交付金则根据法人具体办学业绩进行差别化、竞争性的拨款，总体上采用一定

的"效率化系数"，每年实行 1% 左右的减额。运营费交付金是国立大学收入最重要的组成部分，它决定了一所学校是否能正常运行，因此政府对这一部分支出的不断削减必然在很大程度上影响各国立大学的财务收入状况，并刺激各学校积极采取各种应对措施。

（单位：百万日元）

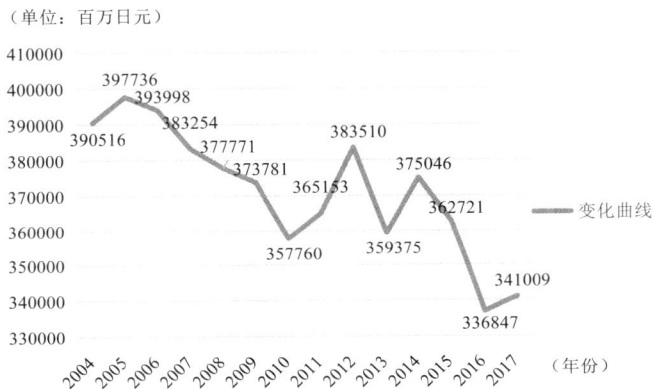

图 3-22　2004—2017 年来自政府公共支出的七校总收入发展趋势

（数据来源：根据七所大学财务报表整理所得。）

从图 3-22 可以清晰地看出，法人化改革后，日本七所国立大学从政府所得到的公共经费呈现缓慢下降的趋势。从 2004 年的 3905.16 亿日元下降到 2017 年的 3410.09 亿日元，初步达到了法人化改革制度设计的预期目标。在改革过程中，政府并没有急速地减少对公立学校的财政拨款，这有利于降低学校的办学压力，使学校有更大的空间来进行自身办学思路与结构的调整，同时也能降低改革带来的风险与阻力。

（二）法人化改革后七所学校所获政府运营费交付金的情况

日本国立大学法人化改革的一个重要政策工具就是通过逐年降低对公立高校的财政拨款而不断激发公立高校的内在办学活力，提高高校服务经济社会发展的意识和能力。因此，对于各公立高校来说，就面临着法人化改革后政府公共经费不断下降的必然局面。下面我们逐一分析法人化改革后日本七所国立大学获得运营费交付金的基本情况。

1. 东京大学

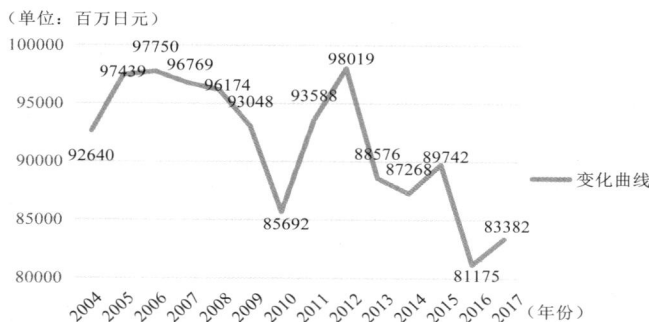

图 3-23　2004—2017 年东京大学运营费交付金收入趋势

（数据来源：根据东京大学财务报表整理所得。）

从图 3-23 可以看出，2004 年后，东京大学来自政府的运营费交付金收入出现了波浪式缓慢下降的趋势。运营费交付金从 2004 年的 926.4 亿日元下降到了 2017 年的 833.82 亿日元，降幅比例接近 10%，其年均降幅比例基本达到政策设计的年均 1% 递降的预期目标。

2. 京都大学

相较于东京大学，京都大学的运营费交付金下降趋势更明显（如图 3-24 所示），2004—2005 年有小幅度上升，2005—2011 年呈下降状态。2004 年京都大学获得的政府运营费交付金为 610.63 亿日元，到 2011 年则下降到 568.43 亿日元，下降比例为 9.3%，年均下降比例甚至超过了 1%。在之后又有较大幅度的增长，但到了 2017 年，运营费交付金最终下降到 553.93 亿日元，同样较法人化改革之初的 610.63 亿日元有较大幅度的降低。

（单位：百万日元）

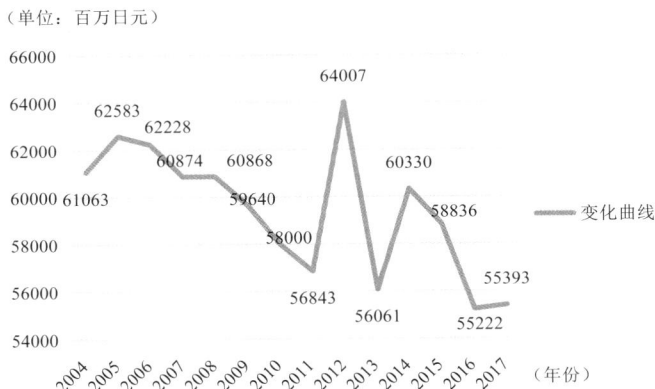

图 3-24　2004—2017 年京都大学运营费交付金收入趋势

（数据来源：根据京都大学财务报表整理所得。）

3.大阪大学

大阪大学运营费交付金从整体上看也呈下降趋势（如图 3-25 所示），仅在 2006—2008 年、2009—2012 年、2013—2014 年有小幅度的上升，但这依然不能改变大阪大学法人化改革后运营费交付金总额下降的大趋势，从 2004 年的 529.2 亿日元下降到 2017 年的 441.04 亿日元。

（单位：百万日元）

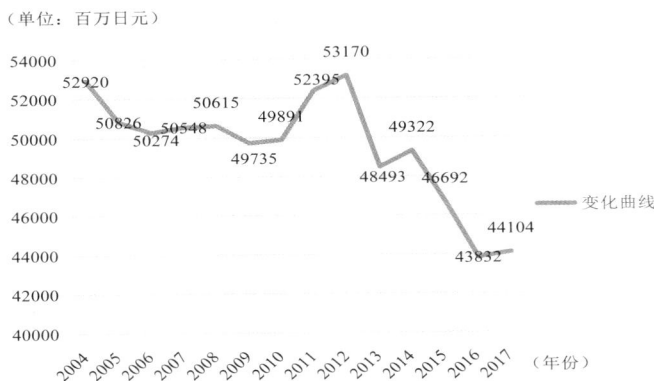

图 3-25　2004—2017 年大阪大学运营费交付金收入趋势

（数据来源：根据大阪大学财务报表整理所得。）

4. 东北大学

法人化改革之后，东北大学从政府获得的运营费交付金整体上也呈下降趋势（如图 3-26 所示），总金额从 2004 年的 543.28 亿日元下降到 2017 年的 471.2 亿日元，年均递减比例超过了 1%。

（单元：百万日元）

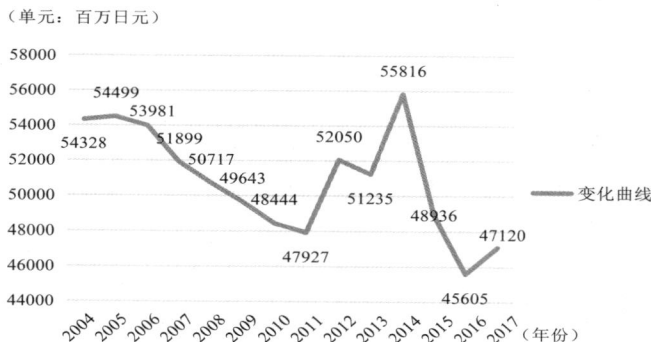

图 3-26　2004—2017 年东北大学运营费交付金收入趋势

（数据来源：根据东北大学财务报表整理所得。）

5. 名古屋大学

名古屋大学得到政府的财政拨款也呈现出较为明显的缓慢下降趋势（如图 3-27 所示），从 2004 年的 361.95 亿日元下降到 2017 年的 317.51 亿日元。

（单位：百万日元）

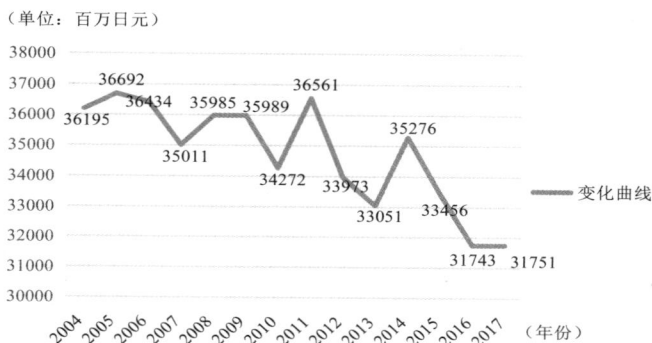

图 3-27　2004—2017 年名古屋大学运营费交付金收入趋势

（数据来源：根据名古屋大学财务报表整理所得。）

6. 北海道大学

（单位：百万日元）

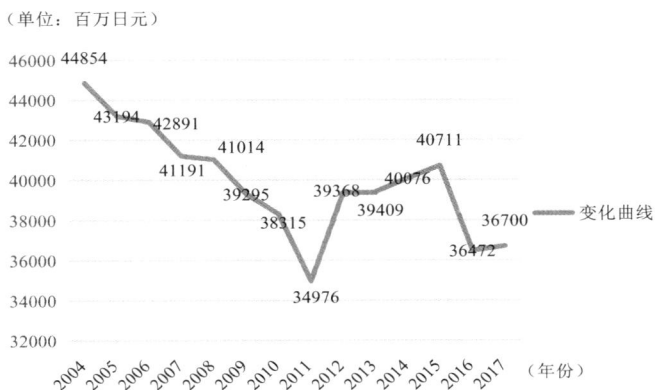

图 3-28　2004—2017 年北海道大学运营费交付金收入趋势

（数据来源：根据北海道大学财务报表整理所得。）

法人化改革后，北海道大学在运营费交付金上也呈现出明显下降的态势，从 2004 年的 448.54 亿日元下降到 2017 年的 367 亿日元，下降了 81.54 亿日元。

7. 九州大学

从整体上看，法人改革后，九州大学在运营费交付金上呈现出较

（单位：百万日元）

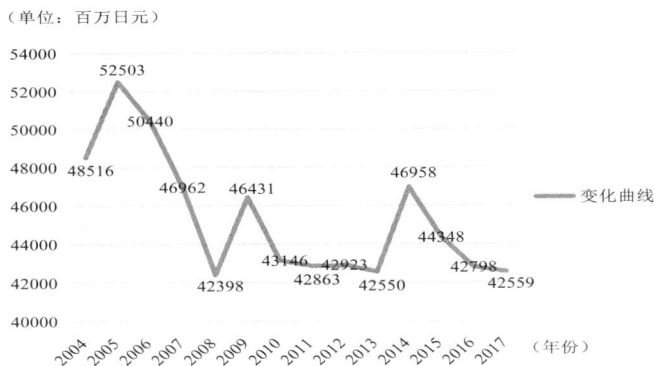

图 3-29　2004—2017 年九州大学运营费交付金收入趋势

（数据来源：根据九州大学财务报表整理所得。）

大幅度的下降，从 2004 年的 485.16 亿日元下降到 2017 年的 425.59 亿日元。

从上述的分析可以看出，七所学校的运营费交付金在整体上呈下降趋势，这与国立大学法人化改革中关于国立大学的财政制度改革基本吻合，即国家逐渐减少对国立大学的财政支持，逐渐要求国立大学实现财政的自主和自立。这意味着各国立大学将面临日益加剧的财政压力，因为就目前来说，日本国立大学总收入中来自政府的运营费交付金依然占据较大的份额。

二、自我收入财务状况分析

对自我收入的重视，既是法人化改革对各国立大学的基本要求，也是各国立大学面临日益缩减的政府公共经费投入不得不采取的应对之策。法人化改革前，日本国立大学不仅没有独立的地位，属于政府开展高等教育活动的代理机构，如教师属于国家公务员，而且在财务上也由国家财政全权负责，因此各国立大学普遍缺乏开拓精神和危机意识。在当前世界高等教育竞争日益激烈和政府公共财政收入不断缩水的背景下，就要求国立大学在一定程度上摆脱政府对其办学行为的过度干预和控制，给予各国立大学一定的办学自由和空间，体现在财政管理制度上同样如此。一方面，政府要通过减少对国立大学的直接资助而减轻其公共开支压力；另一方面，大学也更有压力和动力积极拓展自我收入。下面将以学校为单位分析2004—2017 年日本七所国立大学的自我收入情况。

（一）学费、入学费及考试费等收入

1. 东京大学学费、入学费及考试费等收入情况

（单位：百万日元）

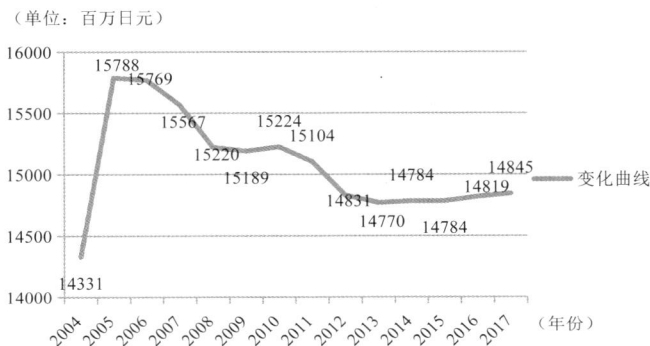

图 3-30　2004—2017 年东京大学学费等收入发展趋势

（数据来源：根据东京大学财务报表整理所得。）

东京大学对学生征收的学费、入学费及考试费等在 2004 年法人化改革后的第一年有急剧的上升，从 2004 年的 143.31 亿日元上升到 2005 年的 157.88 亿日元（如图 3-30）。但自 2005 年之后，其向学生征收的费用便再也未见增长，一直处于缓慢的下降状态，2017 年为 148.45 亿日元，仅比 2004 年的 143.31 亿日元高 5.14 亿日元。这体现了东京大学较强的自我办学经费筹资能力，不是将办学成本简单地转嫁到学生及其家长身上，且能保证招收到更多高质量的生源。

2. 京都大学学费、入学费及考试费等收入情况

在法人化改革后，京都大学在此项收入上所呈现出的变化情况和东京大学类似。法人化改革之初有一个较大幅度的增长，从 2004 年的 115.75 亿日元增长到 2005 年的 129.83 亿日元，但之后便一直呈缓慢下降之势，2017 年下降到 121.4 亿日元，也仅比 2004 年多出了 5.65 亿日元。

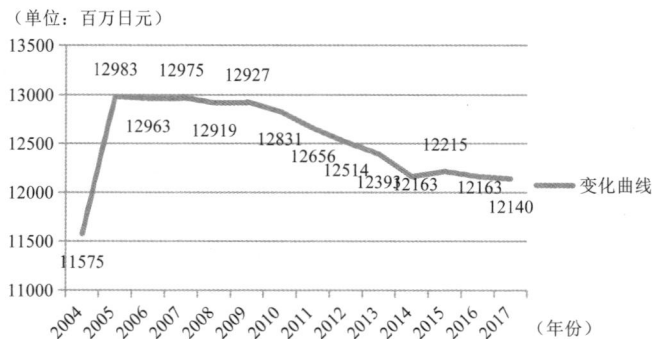

（单位：百万日元）

图 3-31　2004—2017 年京都大学学费等收入发展趋势

（数据来源：根据京都大学财务报表整理所得。）

3. 大阪大学学费、入学费及考试费等收入情况

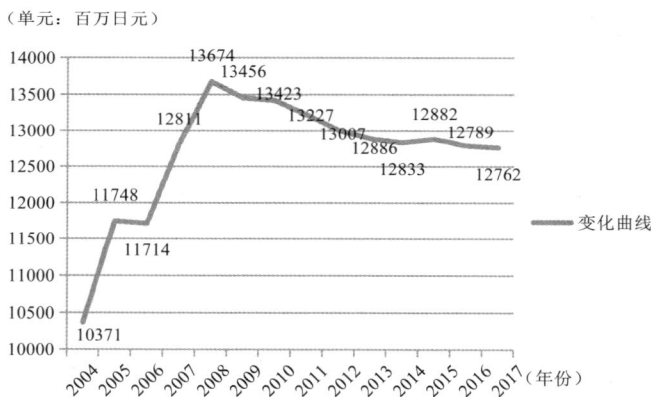

（单元：百万日元）

图 3-32　2004—2017 年大阪大学学费等收入发展趋势

（数据来源：根据大阪大学财务报表整理所得。）

　　与前面两所学校不同的是，大阪大学并没有在法人化改革后采取大幅度提高学费的做法，其学费等收入呈现出缓慢增长的态势，一直到 2008 年达到最高点 136.74 亿日元，从 2008 年之后又缓慢地下降，直到 2017 年下降到 127.62 亿日元。但较 2004 年，整体增长幅度还是较大的，达到了 23.91 亿日元。

4. 东北大学学费、入学费及考试费等收入情况

（单位：百万日元）

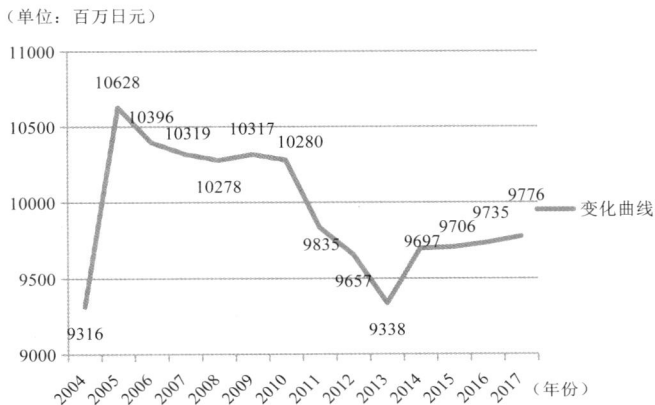

图 3-33　2004—2017 年东北大学学费等收入发展趋势

（数据来源：根据东北大学财务报表整理所得。）

在法人化改革后，东北大学也采取了大幅度提高学费等收入，随后再逐渐下降的办法。其学费等收入从 2004 年的 93.16 亿日元猛增到 2005 年的 106.28 亿日元。之后便呈不断下降之势，一直下降到 2013 年的 93.38 亿日元，在此之后又有缓慢地上升。2017 年，东北大学在此项目上共收入 97.76 亿日元，较 2004 年仅增加了 4.6 亿日元。

5. 名古屋大学学费、入学费及考试费等收入情况

在法人化改革后，名古屋大学同样采取了大幅提高学费等收入，随后再逐渐缓慢下降的手段。从 2004—2006 年，这个项目上的收入从 79.09 亿日元提高到 93.34 亿日元。2006 年之后便呈缓慢下降趋势，截至 2017 年该项目总收入为 87.37 亿日元。

（单位：百万日元）

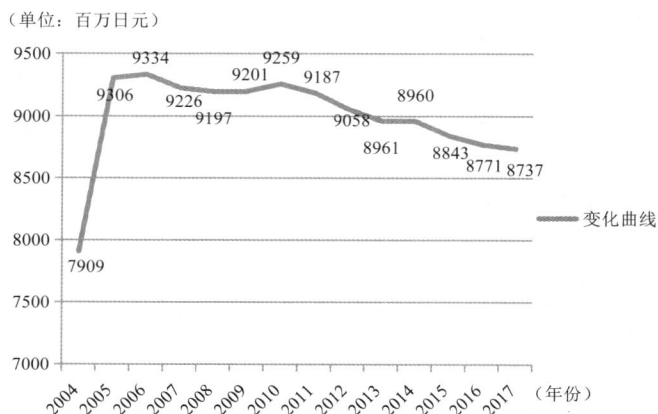

图 3-34 2004—2017 年名古屋大学学费等收入发展趋势

（数据来源：根据名古屋大学财务报表整理所得。）

6. 北海道大学学费、入学费及考试费等收入情况

（单位：百万日元）

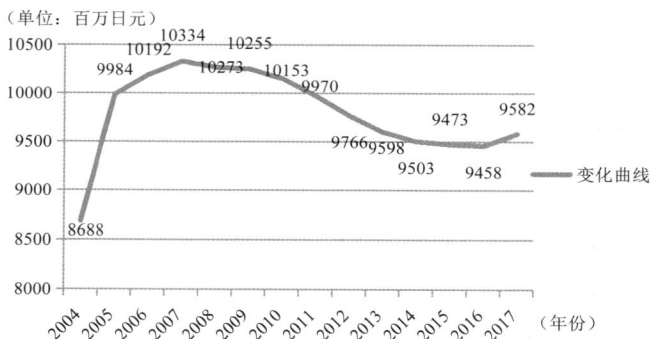

图 3-35 2004—2017 年北海道大学学费等收入发展趋势

（数据来源：根据北海道大学财务报表整理所得。）

北海道大学在法人化改革后其学费收入也出现了大幅度上涨，特别是在法人化改革后第一年，几乎呈直线上升趋势，但之后上涨的幅度明显变小，直到 2007 年达到最高点 103.34 亿日元。2007 年后便开始缓慢下降，2017 年的收入为 95.82 亿日元。

7.九州大学学费、入学费及考试费等收入情况

（单位：百万日元）

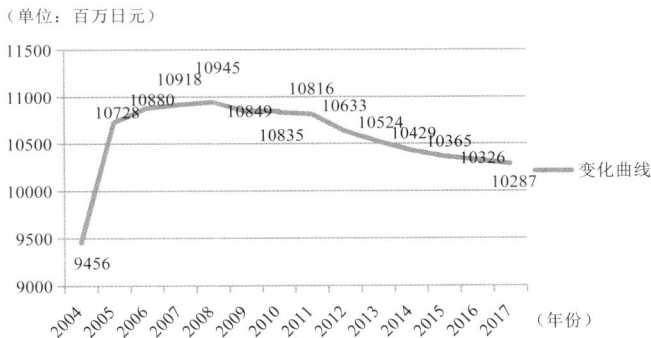

图 3-36　2004—2017 年九州大学学费等收入发展趋势

（数据来源：根据九州大学财务报表整理所得。）

九州大学学费等收入在法人化改革后的第一年也呈现出急剧上升的态势，从 2004 年的 94.56 亿日元上升到 2005 年的 107.28 亿日元，上升比例达到了 11.9%。但之后其上升幅度明显变小，2008 年便开始下降，2017 年下降到 102.87 亿日元。

通过对 2004—2017 年日本七所国立大学学费、入学费及考试费等发展状况的分析，可以看出在法人化改革后，各国立大学为应对不断加剧的财政压力，不得不提高学费等收入，其普遍的做法是法人化改革后第一年均大幅度提高学费，之后增长的比例很小甚至还有缓慢的下降，但总的来说法人化改革后向学生征收的学费等费用大大高于法人化改革前。由于向学生征收的费用不能无限制地提高，因为这很可能会导致一些品学兼优的学生因为经济问题而被挡在学校大门之外，也就与大学所具有的公共性相悖。日本各国立大学在法人化改革后也注意到了这一点，因此其学费的增长幅度始终控制在一定范围之内，并没有一直无限制地增长下去。

（二）附属医院收入

附属医院是日本一些拥有附属医院的国立大学财务收入的重要来源，在法人化改革之前，各国立大学拥有的附属医院所产生的效益不仅归学校所有，医院还能获得一笔不菲的经营费补助金。但法人化改革之后，附属医院收入除了要偿还学校所欠债务，其每年的经营费补助金也会被削减，消减金额相当于上一年附属医院收入的2%，再加上2006年修改的诊疗报酬制度所带来的影响，提高其自身效益已迫在眉睫。国立大学协会以国际研究指标为基础分析指出，2006年临床医学领域获得较高国际评价的论文数量比2003年减少了10%。其原因在于，作为研究者的医生为了弥补被削减的经营费补助金、增加收入，就把主要精力放在了诊疗上，而研究时间就减少了。因此法人化改革之后，各国立大学都千方百计地提高附属医院的诊疗数量以便提高收入。

1. 东京大学附属医院收入

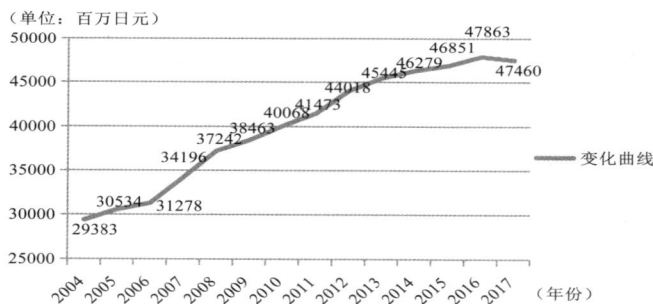

图 3-37　2004—2017 年东京大学附属医院收入趋势

（数据来源：根据东京大学财务报表整理所得。）

从图 3-37 可以看出，法人化改革之后，东京大学附属医院收入呈现出显著的上升状态，从 2004 年的 293.83 亿日元上升到 2017 年的 474.6亿日元，增加了 180 多亿日元。学校借助附属医院的收入，很大程度上缓解了法人化改革带来的财政压力。

2. 京都大学附属医院收入

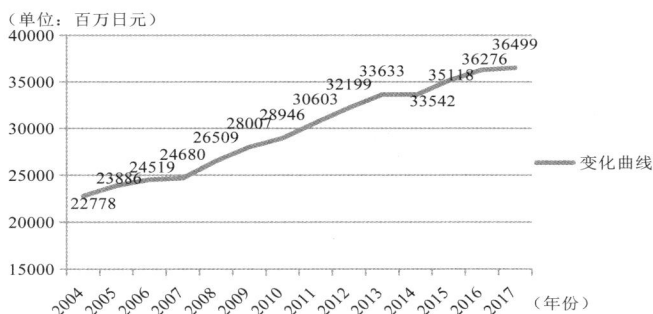

（单位：百万日元）

图 3-38　2004—2017 年京都大学附属医院收入趋势

（数据来源：根据京都大学财务报表整理所得。）

同样，京都大学附属医院的收入在法人化改革后也有较为明显的增长（如图 3-38），从 2004 年的 227.78 亿日元上涨到 2017 年的 364.99 亿日元，增长了 137.21 亿日元，增长幅度明显。

3. 大阪大学附属医院收入

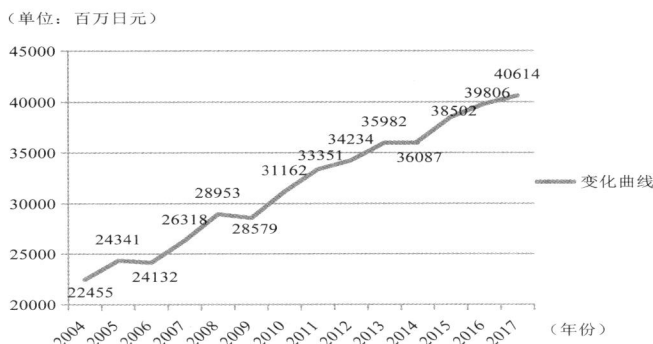

（单位：百万日元）

图 3-39　2004—2017 年大阪大学附属医院收入趋势

（数据来源：根据大阪大学财务报表整理所得。）

在法人化改革后，大阪大学附属医院的收入从 2004 年的 224.55 亿日元上升到 2017 年的 406.14 亿日元，增长幅度明显，增长了 180 多亿日元。

4. 东北大学附属医院收入

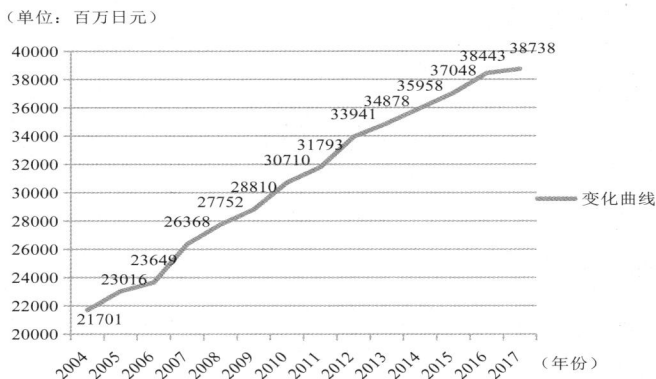

（单位：百万日元）

图 3-40　2004—2017 年东北大学附属医院收入趋势

（数据来源：根据东北大学财务报表整理所得。）

东北大学附属医院的收入从 2004 年的 217.01 亿日元上升到 2017 年的 387.38 亿日元，增长了 170.37 亿日元。

5. 名古屋大学附属医院收入

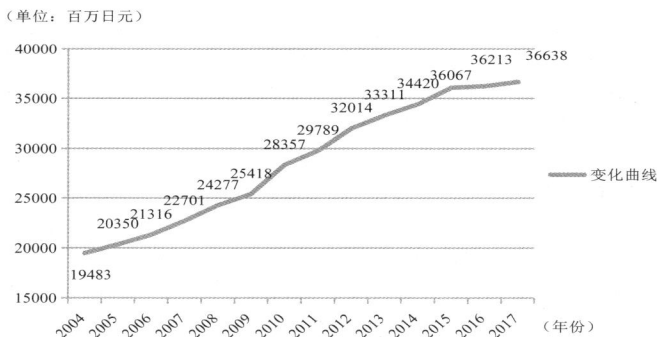

（单位：百万日元）

图 3-41　2004—2017 年名古屋大学附属医院收入趋势

（数据来源：根据名古屋大学财务报表整理所得。）

在法人化改革后，名古屋大学附属医院的收入也一直呈上升状态，从 2004 年的 194.83 亿日元上升到 2017 年的 366.38 亿日元，增长了 171.55 亿日元。

6.北海道大学附属医院收入

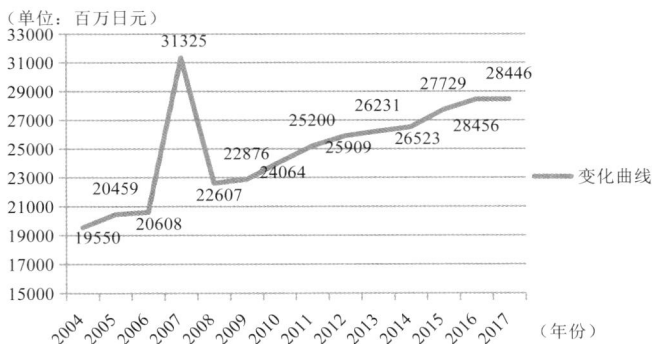

图 3-42　2004—2017 年北海道大学附属医院收入趋势

（数据来源：根据北海道大学财务报表整理所得。）

在法人化改革之后，北海道大学附属医院的收入从 2004 年的 195.5 亿日元上升到 2017 年的 284.46 亿日元，虽然没有其他学校增幅比例大，但是也有 88.96 亿日元的增长额。

7.九州大学附属医院收入

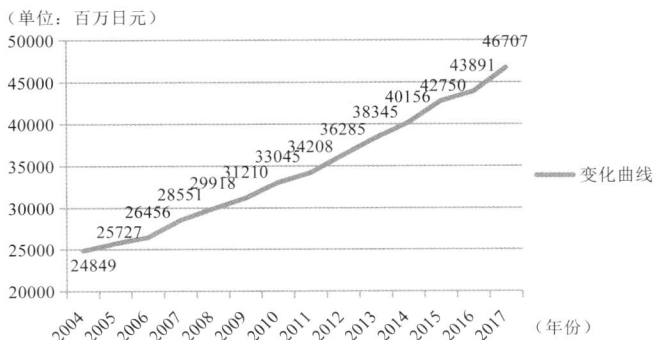

图 3-43　2004—2017 年九州大学附属医院收入趋势

（数据来源：根据九州大学财务报表整理所得。）

在法人化改革之后，九州大学附属医院的收入从 2004 年的 248.49 亿日元上升到 2017 年的 467.07 亿日元，增幅达 218.58 亿日元。

（三）非政府办学经费收入

在法人化改革后，国立大学财务报表"自我收入"一栏中包括的内容除学费，如学费及考试费收入、附属医院收入之外，其他收入还包括杂收入、产学研合作及捐赠收入等。这里我们所说的"非政府办学经费"是指所谓的"外部资金"，即除来自外部政府的常规运营费，以及学生学费、附属医院收入等校内收入之外的所有收入，是公立高校自主采取一定手段和策略为达到增强学校财政实力、分担财务风险所筹集到的一切办学经费，具有明显的非政府性和外部性。其中杂收入主要包括学校运营所获得的经费，诸如学校出租相关场馆的收入、学校礼品销售的收入等，这部分收入占非政府办学经费收入的比例较小，却有较大的增值空间。另外，产学研合作及捐赠收入就是学校充分利用科研成果转化以及开展筹资活动的办学经费，这也是获得非政府办学经费收入的主要组成部分，且本部分收入的增长情况也能在很大程度上反映一所学校的办学活力。

1.2004—2017年七所大学杂收入发展趋势

（1）2004—2017年东京大学杂收入发展趋势

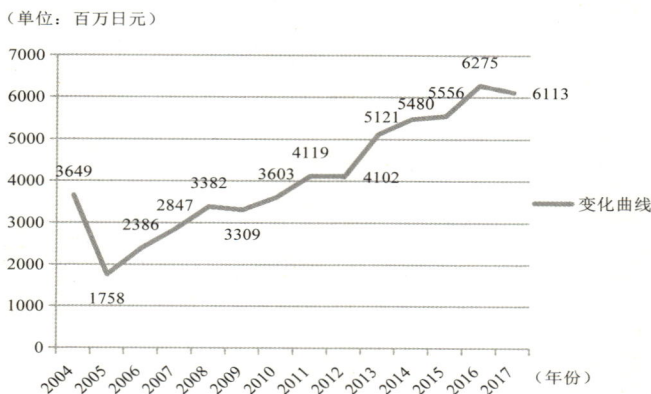

图3-44　2004—2017年东京大学杂收入发展趋势

（数据来源：根据东京大学财务报表整理所得。）

图 3–44 较为清晰地反映了法人化改革后东京大学杂收入的发展情况。2004 年，东京大学杂收入达到了 36.49 亿元，但随后出现了猛烈的下降，2005 年仅为 17.58 亿日元。2005 年后一直处于较为明显的增长状态，2017 年非政府办学经费达到了 61.13 亿日元，增长幅度还是非常明显的。

（2）2004—2017 年京都大学杂收入发展趋势

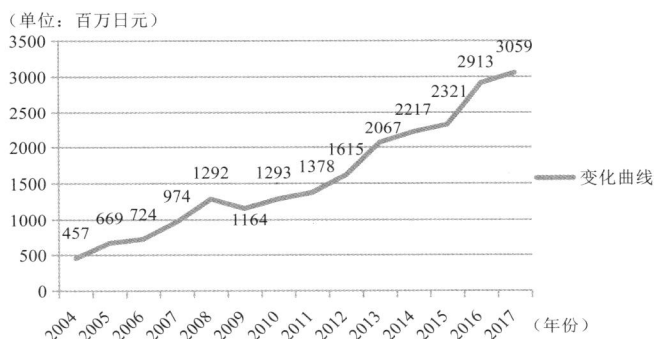

图 3–45　2004—2017 年京都大学杂收入发展趋势

（数据来源：根据京都大学财务报表整理所得。）

在法人化改革之后，京都大学杂收入上也呈现出稳定的增长状态，其杂收入从 2004 年的 4.57 亿日元增长到 2017 年的 30.59 亿日元，增长了近 8 倍之多。这也体现出京都大学强烈的生存意识与较强的经营能力，且成效较为显著。

（3）2004—2017 年大阪大学杂收入发展趋势

（单位：百万日元）

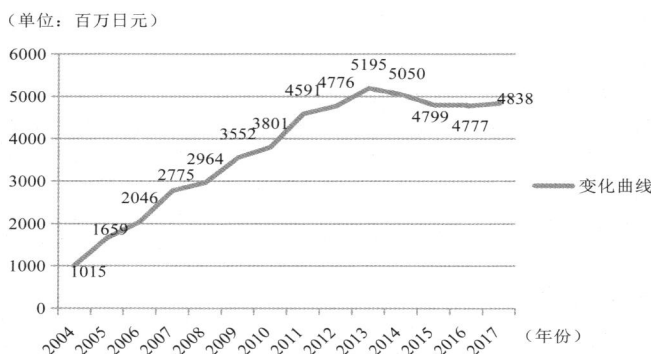

图 3-46　2004—2017 年大阪大学杂收入发展趋势

（数据来源：根据大阪大学财务报表整理所得。）

　　在法人化改革后，大阪大学杂收入也呈现出稳定的增长态势，一直到2013 年达到 51.95 亿日元的高点，但随之发生了缓慢的下降，2017 年达到了 48.38 亿日元。较之 2004 年，增加了 38.23 亿日元，增幅较为显著。

（4）2004—2017 年东北大学杂收入发展趋势

（单位：百万日元）

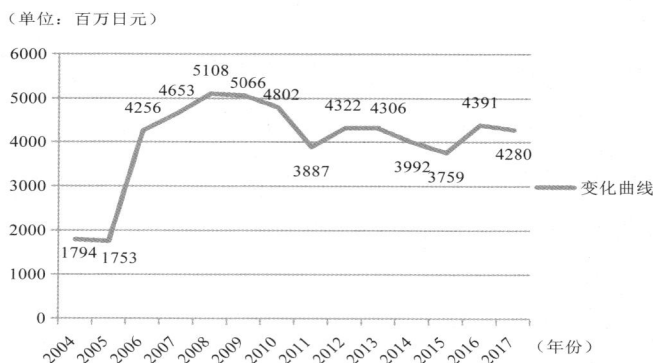

图 3-47　2004—2017 年东北大学杂收入发展趋势

（数据来源：根据东北大学财务报表整理所得。）

在法人化改革后，东北大学杂收入也出现了较为明显的增长，其收入从 2004 年的 17.94 亿日元增长到 2017 年的 42.8 亿日元，增长了 24.86 亿日元。增长幅度较大，说明学校经营的成效显著。

（5）2004—2017 年名古屋大学杂收入发展趋势

（单位：百万日元）

图 3-48　2004—2017 年名古屋大学杂收入发展趋势

（数据来源：根据名古屋大学财务报表整理所得。）

和其他几所学校相比，2004 年，名古屋大学杂收入仅有 3.46 亿日元。之后呈现出波浪式缓慢上升状态，2017 年杂收入为 15.02 亿日元，较 2004 年增长了 11.56 亿日元。

（6）2004—2017 年北海道大学杂收入发展趋势

（单位：百万日元）

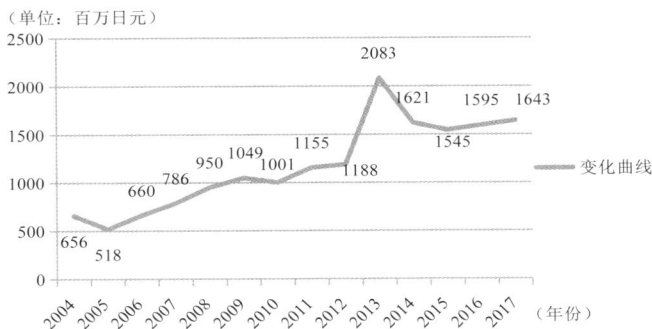

图 3-49　2004—2017 年北海道大学杂收入发展趋势

（数据来源：根据北海道大学财务报表整理所得。）

在法人化改革之后，北海道大学杂收入也呈现出缓慢上升的态势。从 2004 年的 6.56 亿日元增长到 2013 年的 20.83 亿日元。之后又有所下降，2017 年达到 16.43 亿日元，较 2004 年增长了 9.87 亿日元，增幅较为显著。

（7）2004—2017 年九州大学杂收入发展趋势 [①]

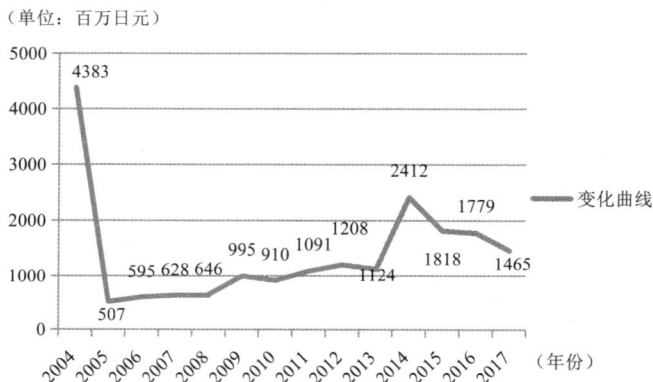

（单位：百万日元）

图 3-50　2004—2017 年九州大学杂收入发展趋势

（数据来源：根据九州大学财务报表整理所得。）

从整体上看，在法人化改革后，九州大学杂收入也呈现出增长的趋势，但其增长的幅度很小。2005 年为 5.07 亿日元，然后稳步增长到 2014 年的 24.12 亿日元。之后又有所下降，2017 年达到 14.65 亿日元。但较 2005 年的 5.07 亿日元，同样有较大幅度的提升。

2. 2004—2017 年七所大学产学研合作及捐赠收入趋势

前面分析了 2004—2017 年七所国立大学在非政府办学经费中杂收入的发展趋势，下面将进一步围绕产学研合作及捐赠收入展开分析。产学研

---

① 关于九州大学 2004 年的杂收入，在预算阶段尚未确定而没有计入的继承性资金为 3871 万日元，本年度杂项收入主要来源于台风灾害所获赔偿的 520 万日元。

合作及捐赠收入是大学开展自主办学及增强办学活力与主动性的重要表现形式，在公共财政办学经费日益减少的情况下，各国立大学通过开展产学研合作、科研成果转化、捐赠活动等获得办学收入。这是当代世界高等教育发展的重要趋势之一，其重要性日益显现。

（1）2004—2017 年东京大学产学研合作及捐赠收入趋势

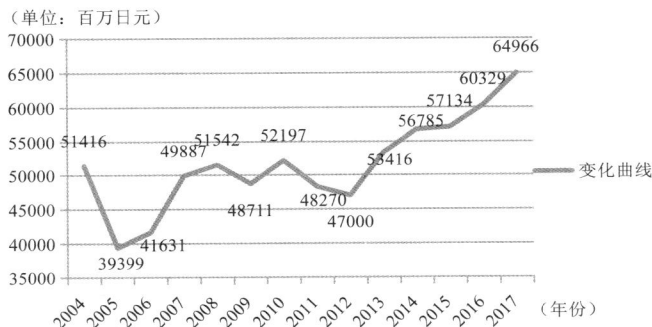

（单位：百万日元）

图 3-51　2004—2017 年东京大学产学研合作及捐赠收入趋势

（数据来源：根据东京大学财务报表整理所得。）

图 3-51 反映了东京大学 2004—2017 年产学研合作及捐赠收入的发展趋势，从 2004 年的 337.19 亿日元 [①] 增长到 2017 年的 649.66 亿日元，成为仅次于运营费交付金的第二大收入来源。这反映了法人化改革后，日本国立大学日益重视通过开展产学研合作和捐赠活动获得办学经费，这一项目占所有收入来源的比例不断加大，作用日趋凸显。

---

① 关于 2004 年度产学研合作及捐赠收入，预算额中没有包含捐赠性收入对前一年度的继承部分，因此本年度该项目决算额度中包含了继承部分中（176.97 亿日元）的多出部分，因此 2004 年度东京大学该项目实际收入为 337.19 亿日元。

（2）2004—2017年京都大学产学研合作及捐赠收入趋势

（单位：百万日元）

图3-52 2004—2017年京都大学产学研合作及捐赠收入趋势

（数据来源：根据京都大学财务报表整理所得。）

在法人化改革后，京都大学的产学研合作及捐赠收入同样也呈现出稳步增长的态势。从法人化改革之初的154.99亿日元增长到2017年的447.36亿日元，占总收入比例从13%增长到27%，增长了2倍多。这同样体现了法人化改革的重要成效，就是以减少公共经费直接拨款的形式倒逼学校开展产学研合作与捐赠等活动，提高学校的办学活力与内生动力。

（3）2004—2017年大阪大学产学研合作及捐赠收入趋势

（单位：百万日元）

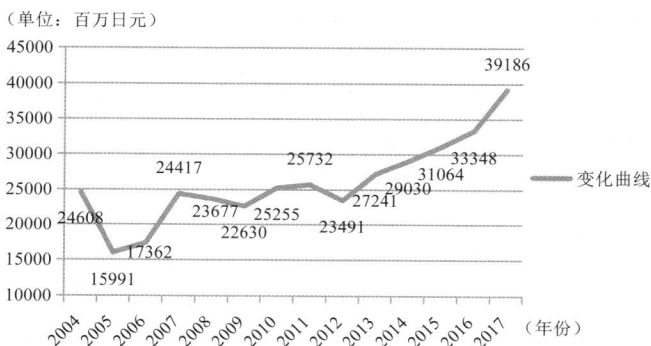

图3-53 2004—2017年大阪大学产学研合作及捐赠收入趋势

（数据来源：根据大阪大学财务报表整理所得。）

在法人化改革后，大阪大学该项目总收入从 2004 年的 117.08 亿日元[①]增长到 2017 年的 391.86 亿日元，占总收入比例从 10.2% 增长到 25.01%，增长幅度明显。这足以说明大阪大学为应对法人化改革带来的冲击，加强了产学研合作，加强了对捐赠性收入的重视并取得了明显的成效。

（4）2004—2017 年东北大学产学研合作及捐赠收入趋势

（单位：百万日元）

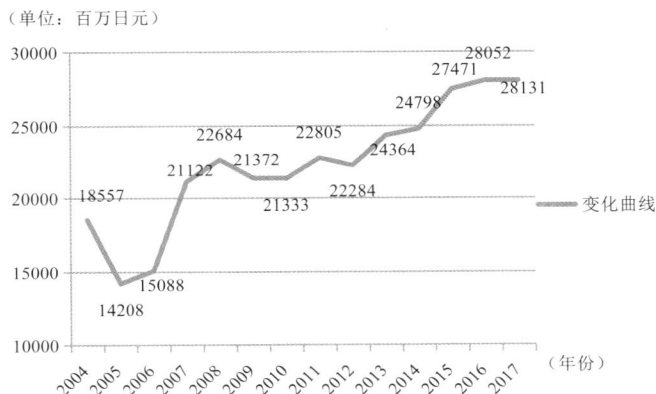

图 3-54　2004—2017 年东北大学产学研合作及捐赠收入趋势

（数据来源：根据东北大学财务报表整理所得。）

在法人化改革之初，东北大学该项目总收入为 120.16 亿日元[②]，占所有收入比例为 10.5%，到了 2017 年该项目收入达到了 281.31 亿日元，占所有收入比例达到了 19.3%，也增长了近 2 倍。

---

① 本年度该项目所有收入中，继承性捐赠收入和其他收入总额为 129 亿日元，因此本年度产学研合作及捐赠收入总额实际为 117.08 亿日元。

② 2004 年东北大学该项目收入决算中有 65.41 亿日元是继承上年度的，因此本年度该项目实际收入为 120.16 亿日元。

（5）2004—2017年名古屋大学产学研合作及捐赠收入趋势

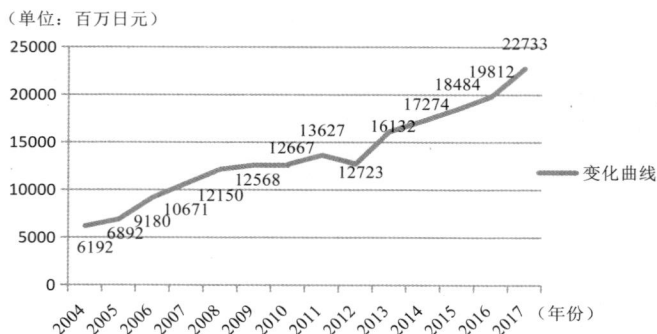

图 3-55 2004—2017 年名古屋大学产学研合作及捐赠收入趋势

（数据来源：根据名古屋大学财务报表整理所得。）

从图 3-55 可以看出，名古屋大学在此项目上的收入从 2004 年的 61.92 亿日元增长到 2017 年的 227.33 亿日元，增长了近 4 倍，占总收入的比例也从 2004 年的 7.9% 增长到 2017 年的 19.3%。

（6）2004—2017年九州大学产学研合作及捐赠收入趋势

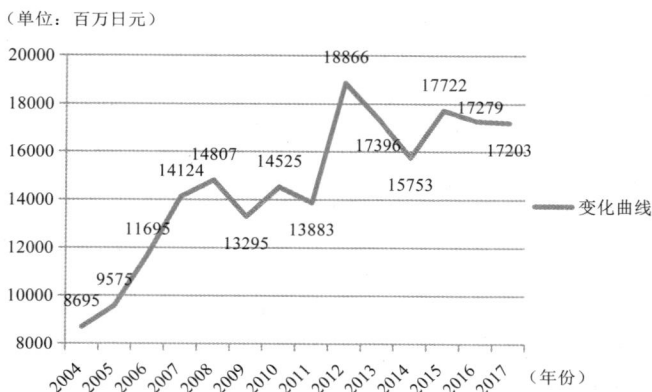

图 3-56 2004—2017 年九州大学产学研合作及捐赠收入趋势

（数据来源：根据九州大学财务报表整理所得。）

从图 3-56 可以看出，在法人化改革之后，九州大学在此项目上的收入呈现出波浪式缓慢增长的趋势。从 2004 年的 86.95 亿日元增长到 2017 年的 172.03 亿日元，占总收入的比例从 7.5% 增长到 10.8%，增长幅度不大。

（7）2004—2017 年北海道大学产学研合作及捐赠收入趋势

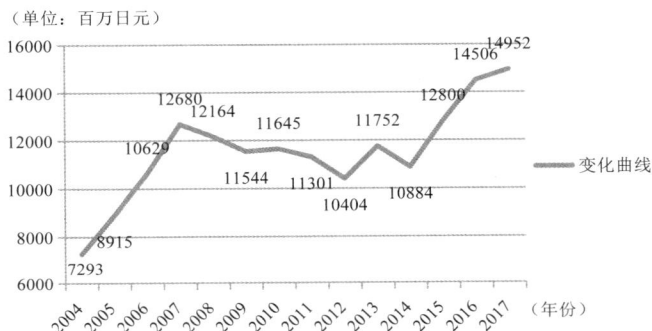

图 3-57　2004—2017 年北海道大学产学研合作及捐赠收入趋势

（数据来源：根据北海道大学财务报表整理所得。）

与九州大学类似，在法人化改革之后，北海道大学在此项目上的收入同样呈现出波浪式缓慢增长态势。从 2004 年的 72.93 亿日元增长到 2017 年的 149.52 亿日元，占所有收入的比例从 8.9% 增长到 15.5%，同样也有较大幅度的增长。

（四）微观财务状况总体分析

前面分别就法人化改革后七所国立大学的政府公共支出收入和自我收入进行了详尽分析。为了集中地把握其发展状况和规律，我们有必要对其进行概括性总结。

1. 政府公共支出收入

在法人化改革后，日本各国立大学所获得的来自政府公共支出的收入项目主要有运营费交付金，设施整修费补助金，船舶建造费补助金，国立大学财务、经营中心设施费补助金，直接补助金等。根据各学校具体财务报表，这里我们仅就最稳定以及占国立大学收入主要部分的运营费交付金进行了统计分析。因为其他项目要么所占比例很小，要么增长或者下降趋势很不稳定。

运营费交付金无论是在法人化改革前还是在法人化改革后，都是各国立大学得以生存和正常运转的最重要财源。国立大学法人化改革中重要的一项表现便是来自政府公共支出的运营费交付金的金额将会逐渐减少，按每年1%的比例递减。从具体分析结果来看，实际情况基本符合政策规定。2004—2017年七所国立大学运营费交付金下降趋势如图3-58所示。

图3-58　2004—2017年七所大学运营费交付金发展总趋势

（数据来源：根据七所大学财务报表整理所得。）

从图3-58可以看出，2004—2017年七所国立大学运营费交付金总额虽然在2004—2005年有明显的上升，但整体上呈现出明显的下降状态，其实际发展状况符合相关政策规定。这也体现了日本国立大学法人化改革的实质性。

运营费交付金的额度不断下降是不争的事实，这便不断加剧了国立大学的财政压力。为减少法人化改革的阻力和不至于过大地影响各国立大学的正常经营，一方面需要政府从其他方面给予学校适当的补给；另一方面需要各国立大学积极进行自身办学行为的调整，通过一系列具体措施获取更多办学经费。

2. 自我收入

由于来自政府公共开支的运营费交付金的额度不断减少，各国立大学为保持竞争力不得不通过各种途径增加学校财务收入，对自我收入的重视是法人化改革给国立大学带来的一大改变。

具体来说，各大学自我收入主要由以下一些具体项目构成：征收自学生的学费、入学费及考试费；附属医院收入；产学研合作收入及捐赠收入；杂收入；长期贷款收入；旧法人继承金收入；等等。因为除前面四项外，其他项目收入比例很小或者很不稳定，所以仅仅就前面四项进行了分析研究。

（1）学费、入学费及考试费等收入

（单位：百万日元）

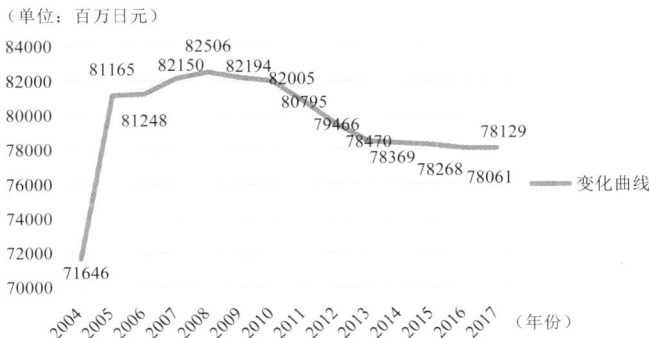

图 3-59　2004—2017 年七所大学学费等收入总趋势

（数据来源：根据七所大学财务报表整理所得。）

学费及入学费等收入是学校比较刚性的收入来源，与其他收入来源不同，此类收入来源受学生承受力的限制，不能随意增长，且随着生源竞争的加剧，还需要不断降低学费以吸引更多优质生源。从日本七所国立大学法人化改革后在学费、入学费等项目的总收入看，其发展态势恰恰体现出了这一特征。法人化改革后的第一年，各学校为应对公共政府拨款下降的压力，均较大幅度提高了学费、入学费标准，因此使这一项目收入出现了大幅增长，从 2004 年的 716.46 亿增长到 2005 年的 811.65 亿日元。但此后，这一项目便呈现出了缓慢增长甚至下降的趋势，2017 年也只达到了 781.29 亿日元，仅比 2004 年多了 64.83 亿日元。这体现了日本国立大学法人化改革不是简单地将办学成本转嫁到学生及其家长身上，而是通过在其他方面的努力来弥补财政压缩带来的压力。

（2）附属医院收入

对于拥有附属医院的国立大学来说，附属医院是开展医学相关研究和获得收入的重要单位。在法人化改革前，各国立大学附属医院所获收入不仅能自行支配，还能从政府获取一定额度的运营费交付金及设施费补助金。但在法人化改革后，按规定政府向各附属医院支出的设施费补助金要按 2% 的比例逐年递减。一方面，各国立大学需要从附属医院获取更多办学经费；另一方面，附属医院自身也面临来自政府公共开支减少的现实情况。因此，不断提高诊疗数量及诊疗费以增加收入是必然选

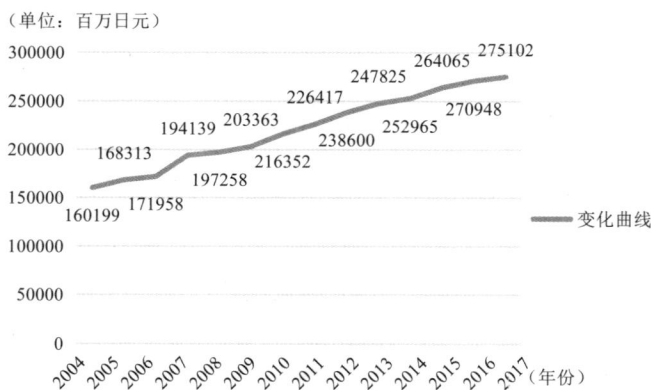

图 3-60　2004—2017 年七所大学附属医院收入总趋势

（数据来源：根据七所大学财务报表整理所得。）

择。从七所大学附属医院总收入来看，法人化改革后呈现出明显的上升趋势，从 2004 年的 1601.99 亿日元上升到 2017 年的 2751.02 亿日元，增长了 1100 多亿日元，由此可见各国立大学都非常重视对附属医院的经营，不断通过提高诊疗数量来提高收入，这样一来用于科研方面的人力、物力投入便相对减少，日本国立大学附属医院的科研成果产出不断下降也是不争的事实。

（3）非政府办学经费收入

基于本文对"非政府办学经费"的概念界定，就是指自我收入中除学费收入及附属医院收入外的其他收入，具体来说就是指产学研合作收入及捐赠收入与少数杂收入。相对于学费收入和附属医院收入来说，这部分收入具有非政府性特征。此外，这部分收入还有一些独特性：外部性（即各国立大学从外部获取的办学经费），无限增长性（相对于学费收入的有限性来说），竞争性（需要同其他学校或者部门进行竞争才能获得）。

（单位：百万日元）

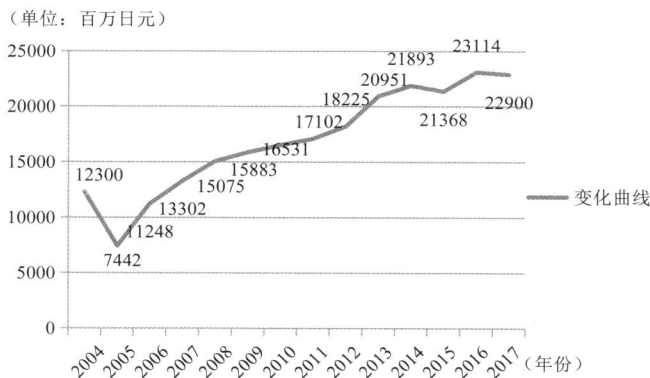

图 3-61　2004—2017 年七所大学杂收入发展总趋势

（数据来源：根据七所大学财务报表整理所得。）

从图 3-61 可以看出，在法人化改革后，七所国立大学杂收入整体上呈现增长的状态，其总额由 2004 年的 123 亿日元上升到 2017 年的

229 亿日元，总增幅达到了 106 亿日元，校均增长额度达到了 15.14 亿元。这较为明显地体现了法人化改革后日本国立大学为应对财政拨款萎缩而开展的积极办学活动，通过增强学校的经营能力而获得更多办学资源。

而从图 3-62 可以看出，在法人化改革后，七所大学此项目的总收入呈现出了明显的增长态势。从法人化改革之初的 1322.6 亿日元增长到 2017 年的 2319.07 亿日元，有效弥补了法人化改革过程中由财政拨款降低而带来的冲击，同时这些学校也通过积极开展产学研合作等活动，增强了办学活力和动力。

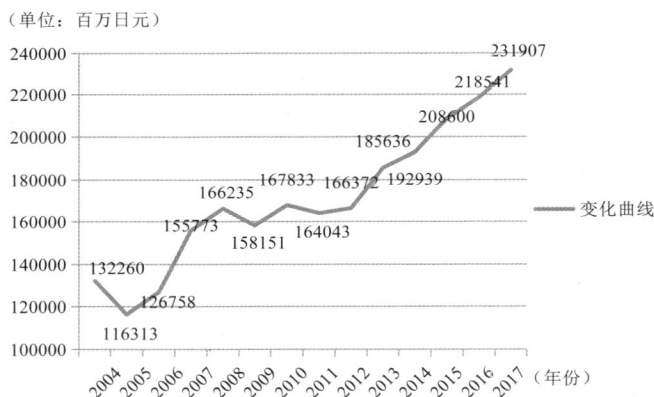

（单位：百万日元）

图 3-62　2004—2017 年七所大学产学研合作及捐赠总收入趋势

（数据来源：根据七所大学财务报表整理所得。）

综上所述，在法人化改革后，七所国立大学非政府办学经费收入占总经费的比例不断攀升。这说明法人化改革后各国立大学为应对财政压力，不得不大力加强对大学的经营与管理，同时这部分收入也是将来增长潜力最大的内容。

第四节　法人化改革后日本国立大学财政收入的特征

本章以日本七所国立大学法人化改革后 2004—2017 年度的财务报表所提供的数据为基础，从宏观和微观两个维度对七所国立大学的财务状况进行了全面把握与细致分析。在宏观财务状况方面，首先从横向比较了各校之间的财务总收入变化，通过统计 2004—2017 年各校的财务总收入，发现七所国立大学在法人化改革后财务总收入都有较大幅度的增长，只是各自增长方式不一样，幅度大小各异。在微观财务方面，分别从七所国立大学财务收入中的政府公共支出收入和自我收入两个方面入手。首先，在政府公共支出方面，法人化改革后主要以运营费交付金的形式拨付给各国立大学。从运营费交付金的财务分析情况看，法人化改革后各校都呈现出较为明显的下降状态，这与法人化改革中规定的运营费交付金按年度 1% 的比例递减的政策基本吻合。其次，在自我收入方面，主要包括向学生征收的学费等收入、附属医院收入、非政府办学经费收入。从学费的财务分析看，法人化改革后各校学费等均有大幅度的提升，但提升的额度到达一定程度后便呈现稳定并略有下降的趋势；从对附属医院收入的财务分析看，法人化改革后各校均大幅度地从附属医院获得了办学资金；从对非政府办学经费收入的财务分析看，法人化改革后各校均非常重视此项目的收入，这部分收入均呈现出明显的上升趋势。

总的来说，法人化改革后日本七所国立大学财务状况呈现以下基本发展规律：一是财务总收入持续增长，并未受到政府公共拨款降低的太大影响。二是各学校日益重视自我收入的增长，主要包括附属医院经营收入和非政府办学经费收入。其中非政府办学经费收入包括杂收入和产学研合作及捐赠收入两大类。法人化改革后，各学校在产学研合作及捐赠收入方面增长比例巨大，改革十多年以来，该项目占学校总收入比例均大幅度提高。这体现出法人化改革取得了预期效果，即通过不断缩减公共财政直接拨款，提高各国立大学自主办学意识与能力，促进各国立大学开展产学研合作的积极性。

第四章　日本国立大学非政府办学经费拓展典型案例分析

日本国立大学法人化改革的主要政策工具之一就是通过逐年缩减政府直接拨款的方式激发各办学主体的办学活力和内生动力。那么在实践办学过程中，国立大学是否受到了这一政策的影响？影响有多大？产生了哪些具体的影响呢？本章以日本顶尖国立大学北海道大学为个案，以学校内部不同层次管理者和不同学科管理者作为访谈对象，从法人化改革后学校及学科发展面临的各种变化对其进行多案例的比较分析，以期对日本国立大学法人化改革后产生的变化及存在的问题有全面深刻的把握。

第一节　典型案例简况

一、北海道大学概述

北海道大学（Hokkaido University），简称"北大"，是本部位于日本北海道札幌市的一所著名研究型国立综合大学，是"旧帝国大学"之一。

学校于 2014 年入选日本"超级国际化大学计划（Top Global University Project）"A 类顶尖学校，是八大学工学系联合会、日本学术研究恳谈会（RU11）成员，是日本首座具有授予学士学位资格的一流高等学府。

北海道大学创立于 1876 年，其前身为札幌农学校，它是日本最早的高等教育机构。1907 年，其被设立为东北帝国大学附属农科大学。1918 年，札幌农学校更名为北海道帝国大学。作为七所帝国大学之一，北海道帝国大学是日本设立的第四所帝国大学。1947 年，北海道帝国大学更名为北海道大学。2004 年，"国立大学法人北海道大学"创建。

北海道大学设有两个校区，现有 12 个本科学院、18 个研究生院、3 个附属研究所、3 所全国共同教育研究设施；拥有本科生和研究生共计约 18000 人，教职员约 4000 人，有来自近百个国家和地区的 1500 多名留学生，其中中国留学生约 800 名。2010 年，北海道大学工学部教授铃木章荣获诺贝尔化学奖。在 2020 年 QS 世界大学排名 ① 中，北海道大学位列世界第 132 位。

选择北海道大学这样一所研究型、综合性国立大学作为个案研究对象，主要有以下几点原因：首先，北海道大学是日本七所国立大学之一，其教学质量、科研实力等居于日本国立大学前列，在日本高等教育中占有举足轻重的地位；其次，北海道大学远离日本本州岛，位于经济发展水平相对落后的北海道地区，法人化改革后相对于其他几所国立大学面临更为严峻的财政形势；最后，笔者有幸获得国家留学基金，得以在北海道大学进行为期两年的学习，因此有更为便利的条件深入了解和研究北海道大学。

访谈对象的选择限于那些在非政府办学经费拓展中发挥关键性作用

---

① QS 世界大学排名是由英国一家国际教育市场公司 Quacquarelli Symonds（简称 QS）所发表的年度世界大学排名。

的学校管理者。访谈对象选择的标准是在拓展非政府办学经费过程中能行使计划、谈判和构建组织结构等职能的管理者，这些管理者既能在极大程度上决定北海道大学未来的财务状况，也能决定雇员的数量标准、招生录取的数量、课程实施的内容、采取何种形式的非政府经费拓展行为等。因此，本研究所选取的访谈对象就是那些对非政府办学经费有影响力的决策层领导和管理者，包括学校相关职能副校长、学院院长和其他与非政府办学经费拓展有关的管理者。

二、案例研究背景

第三章以财务分析的方式对日本七所国立大学 2004—2017 年的财务状况进行了较为详尽的分析，从宏观和微观两个维度把握了法人化改革后日本七所国立大学财务状况的基本规律。从宏观上看，法人化改革后各国立大学财务总收入均有较大幅度的增长，这反映了法人化改革带来的积极效应，各学校越来越重视自我经营。从微观上看，首先，各国立大学来自政府公共支出的办学经费不断下降，其中占各学校办学经费最大比例的运营费交付金的下降趋势最为明显，这也是造成法人化改革后各学校财政压力不断加剧的根本原因。其次，从各学校的各项自我收入看，学费收入在法人化改革后第一年出现急剧上涨，之后增长比例明显降低并保持在一定水平上且呈现出缓慢下降的趋势；附属医院收入在法人化改革后增长幅度较大，且呈不断上涨趋势；非政府办学经费是各国立大学在法人化改革后增长幅度较大的部分，占学校总办学经费比例不断扩大。

因此，法人化改革后日本国立大学财务状况的基本发展规律为：来自政府公共支出的办学经费总额和比例不断减小，更加重视自我收入的增长，但学费收入、附属医院收入等项目由于各自性质决定其增长幅度必须在一定范围内（如学费增加额要限定在家庭所能承受的范围内，且要在不牺牲国立高校公共性的前提之下；附属医院收入增长要以不牺牲科学研究为基本前提），因此具有外部性、无限增值性和竞争性特征的非政府办学经费必将成为未来增长潜力最大、各校日益重视的财政收入来源。因此，在此背景下，各校在法人化改革后必然会不断加强对非政府办学经费的拓展。首先从意识上增强对非政府办学经费重要性及意义的认识；其次从实践上不断提高对开展非政府办学经费拓展的具体策略、措施的能力，且不断完善对非政府办学经费拓展的政策制度保障。因此，需要借助具体的研究方法，了解法人化改革后国立大学在非政府办学经费拓展上的具体意识、行为和制度建设等究竟发生了什么变化。因此，我们选取北海道大学进行深入研究。

三、案例研究目的

本案例研究的目的在于揭示法人化改革后国立大学是如何进行非政府办学经费拓展的，其基本目标是深入理解法人化改革后国立大学的管理者在非政府办学经费拓展上的基本意图和动机，以及深入理解管理者在进行非政府办学经费拓展时所采取的具体行为及相关的制度建设。资源依附理论认为，首先，组织的基本使命在于生存，积极有效的组织才能够持续地生存下去，这种有效性的获得是对需求进行管理的结果，尤其是对那些为组织提供资源和支持的团体的需求进行管理的结果；其次，组织生存的关键是获得和维持资源的能力；再次，组织为了获取所需资源，必须与环境中的其他组织进行交易，这无论是对公共组织、私人组织、小型或者大型组织来说，抑或是官僚和机构组织来说，都是真实的情况；最后，组织生存因此建立在一个组织控制它与其他组织关系的能力基础之上。[①]

所以，便产生了这样一些问题：首先，国立大学管理者在法人化改革后是如何积极有效地维持组织的运转以使其更好地生存，又是如何对非政府办学经费提供者进行有效管理的？其次，如何获得维持组织所需的非政府办学经费？再次，为获得非政府办学经费，如何与其他组织进行交易？最后，国立大学如何对其他非政府办学经费提供者进行控制？

本章以北海道大学作为研究对象，通过具体研究的实施理解北海道大学管理者在进行非政府办学经费拓展时的具体行为，重点则在于对管理者非政府办学经费拓展的意图和动机的理解，对具体策略、措施的描述，对相关制度建设的总结。通过这些研究，试图进一步丰富我们对当前组织对资源依赖的基本观点和认识。

第二节　法人化改革后北海道大学的财务状况分析

一、法人化改革后北海道大学的财务状况分析

基于第三章的相关数据分析，我们可以从宏观上把握法人化改革后各国立大学整体的财务发展状况，得出的基本结论是：由于来自政府的运营费交付金不断减少，法人化改革后各国立大学面临越来越严峻的财政压

---

① 参见 J .Pfeffer, G. R. Salancik, *The External Control of Organizations: A Resource Dependence Perspective,* New York: Harper and Row,1978,pp.54-78.

力，各国立大学千方百计地通过增加其他方面的收入来缓解这一压力。为从微观上进一步证实宏观财务数据分析得出的结论的准确性，我们进一步通过与北海道大学管理者进行交流，让其描述法人化改革后北海道大学的财政状况，从而获得一些基本信息。

北海道大学的副校长，其主要职能有：学校具体的运营管理、学校财务管理、安全管理等。因此，副校长对于整个学校的财务发展状况有较为全面的把握。在回答关于法人化改革后北海道大学的财务状况时，时任北海道大学副校长的上田一郎认为："法人化改革后，由于政府缩减直接拨款，整体的情况呈现出运营费交付金减少，而外部资金增加的态势。"另外一位负责学校运营管理与财务管理的时任副校长村田直树则说："法人化改革后，北海道大学在财务上的确面临很大压力。因此，一方面，学校不断加强对其他方面资金来源的获取，比如适度提高学生学费、增加招生名额、适度提高医院诊疗费用、增强研究的应用性等。另一方面，学校也不断压缩开支，采取比法人化改革前更为严格的财务开支管理制度。"

此外，学院层面办学者也从其自身的视角反馈了法人化改革给学校带来的变化。主要涉及经济学部部长、文学部部长、医学部部长、兽医学部部长。各部长基于自己所管辖的范围，对各自学部法人化改革后的财务状况作了简要描述。从他们的描述中可以看出，一些基础性文科专业受到法人化改革的冲击较大，特别是人文学部，而与此同时其他一些应用性较强的理工科专业受到的冲击较小。之所以呈现出不同结果，是因为人文等学科拓展横向经费的能力较弱，产学研能力缺乏，而理工科等学科更适合开展产学研或获得企业的研发经费等。正如北海道大学经济学部部长所言："经济学部在法人化之后，获得的预算比以前减少了。财政状况可以说没有变好，情况变得比较恶劣。"而兽医学部部长则认为："法人化改革后，兽医学部接受的来自学校的常规经费预算不断减少，其原因是学校所能得到的来自政府的办学经费拨款也不断减少。因此，兽医学部为应对这一情况，不断努力从其他渠道获得资金，比如努力争取文部科学省的科研项目、得到社会团体的资助、与企业合作开展科研项目等，因此我们学部整体办学经费还有所增长。"

由此可以看出，无论从学校层面还是学校内各具体的教学科研机构来看，各位负责人都感受到了法人化改革后较为明显的财政压力。从不同层面看，相对于各具体的学部，学校一级的管理者对法人化改革带来的财政压力更敏感，体会到的压力也更大。同时，从不同学科看，不同性质的学科之间对于法人化改革带来的财政压力也有不同的感受。相对来说，文科类专业对于法人化改革带来的财政压力更为敏感，而兽医学部部长的反应却不一样，他并不认为法人化改革对兽医学部的财政造成了多大的压力，反而认为其财政收入有所增长。这更多反映的是人力资源配置不合理的问题。

二、法人化改革后办学者的行为分析

法人化改革后，中央政府改变了对国立大学的资助模式，逐渐从过去提供充足的直接资助转变为当前的增加间接资助的额度，减少直接的资助额度。在此背景下，一方面，国立大学由于直接资助总额的减少而面临逐渐加大的财政压力；另一方面，由于间接资助的存在，各国立大学需不断增强竞争意识和主动获取科研经费的能力。根据资源依赖理论的基本内容，该观点认为：如果想真正理解组织的抉择和行动，就应该更多地关注组织所处的位置，以及其在该位置上面临的压力与限制因素，而不是将重点放在组织内部的动力机制和领导的价值观与信念之上。为此，菲佛和萨兰基克认为，组织根植于相互联系以及由各种各样联系组成的网络之中。所需要的各种资源，包括财政资源、物质资源、信息资源，都是从环境中得到的，因此组织不得不依赖这些资源的外部提供者。资源的依托性是这一理论的基本特点。也就是说，在此背景下，日本国立大学内部各行为主体的行为会因为改变了的资源依赖模式而发生相应变化。据此，我们有必要了解法人化改革后国立大学内部各行为主体的工作内容。

主要从学校管理者层面和学部层面来观察和分析法人化改革对办学主体的办学行为所带来的改变。

从学校层面管理者来看，法人化改革后其工作压力倍增，这主要源于其在经费筹措上需花费更大的精力。作为副校长的村田直树认为："法人化改革后可以用以下几个关键词来形容自己的工作情况：压力、趋利性和烦琐。所谓的压力，就是说我在工作中感受到了越来越大的压力，主要体现在学校不断加剧的财政压力上，同时法人化改革后对工作效率的要求也越来越高；然后是趋利性，法人化改革后，由于来自政府的直接拨款额不断下降，我们不得不想办法从其他方面获取更多办学经费，比如获得更多的竞争性科研经费、得到更多的企业资助等；最后便是烦琐，需要协调的矛盾和利益关系越来越多。"与此同时，上田一郎也认为："我是产学合作、知识产权和安全卫生部门相关的负责人，我大致负责上述三项内容，此外还为全部研究筹措所需外部资金。因此相较法人化改革之前，现在的工作节奏更快、压力更大。"

两位校级管理者描述了他们在法人化改革后的具体工作内容，从其工作内容中，我们可以大致总结出以下几个特征：一是服务性，即其工作内容的核心就是为全校教师服务，具体体现在帮助学校教师积极申请文部科学省项目，对老师的科研项目申请进行指导和培训；同时还以校方的名义加强与社会企业的联系，积极组织学校内部相关学科专业联合起来向社会企业争取一些大型的研究项目；还要设置一些激励性的措施以鼓励教师积极开展科研经费申请和竞争；最后便是负责学校各项安全性工作。二是趋利性，可以看到两位校级管理者的工作内容中，大多数工作都集中于一个核心任务，即协助学校老师或者直接参与外部科研项目的申请，以此得到科研经费。这说明法人化改革后，日本政府按年度1%的比例削减对国立大学的直接资助起到了立竿见影的效果。各国立大学管理者不得不通过其他更有效的方式和途径获得更多办学经费，而其中争取到文部科学省和其他社会企业的科研经费是最核心的部分。

与此同时，北海道大学的几位学部部长也谈到了法人化改革后其工作的大致内容。各具体学部部长是一所大学内部重要的有机组成部分，他们担负着直接管理和经营一个学科的重任，包括具体的课程设置、科研项目规划、学生培养等工作，因此，各具体学部部长的工作状况更能直接、客观地反映整个大学的状态。但是各学部之间由于学科属性存在差异，也可能导致不同学科学部部长在具体行为方式上有较大差异性。在日本国立大学法人化改革后，从整体上看，各学校的各学部部长均十分繁忙，其繁忙的主要原因就在于需要积极地进行外部研究经费的拓展，方式主要有向文部科学省申请科研课题获得经费，与社会企业开展合作研究获得经费。因此，在研究课题和经费有限的情况下，其竞争必然十分激烈，因此各学部部长为获得更多的研究课题和经费，不得不将主要精力放在开展各种竞争性的课题申请活动上。但同时由于学科属性的差异，有的学科诸如一些文科类专业所能获得的研究课题十分有限，所以其学部部长的工作内容与法人化改革之前相比没有发生太大变化。但对于一些应用型理工科来说，一方面其研究过程需要耗费大量资源，另一方面其研究成果能否被市场接受是决定其成功与否的关键因素。因此，对于这些学部部长来说，如何获得大量研究经费以支撑高额的研发费用、如何积极推广其研究成果便是其工作的核心内容。

法人化改革后，从国立大学内部各相关管理者的日常行为来看，可以用一个字较为贴切地形容，即"忙"。上至学校副校长，下至各具体学部部长，他们都围绕一个中心繁忙地开展工作，即如何获取更多的外部办学经费。而就北海道大学的情况看，获得外部办学经费的主要手段便是进行课题申请，一方面向文部科学省进行课题申请，另一方面是与社会企业开展合作研究而获得研究经费。基于资源依赖理论的基本内容，一个组织最重要的使命在于生存，为了更好地生存便需要获得资源，因此对外部资源的获取能力和管理能力是判断一个组织能否更好地生存的基本标准。组织根据外部资源来源的类型和渠道，会形成不同的资源依赖模式，而不同的资源依赖模式会在很大程度上决定该组织的基本行为。基于此，在法人化改革后，国立大学这一组织由于其外部资源的来源方式发生了巨大的改变，即来自政府的直接办学经费拨款不断缩减，国立大学为了自身的生存和发展，不得不改变既有的资源依赖模式，而通过相应具体的行为策略从其他方面获取更多的办学经费。

通过对北海道大学校内相关管理者的深入访谈，我们知道了法人化改革后北海道大学的财务状况和各学部各自具体的工作情况。基于对各相关管理者所述内容的整理分析，我们分别从宏观上描述和分析了国立大学在法人化改革后的财务状况，具体包括：国立大学面临日益严峻的财政压力，从其他渠道获取的办学经费额度不断增加，其中来自文部科学省的课题经费资助是其主要的外部经费来源，此外与社会企业的合作研究经费也是重要组成部分。同时，还了解到各具体管理者在法人化改革后的工作内容，即法人化改革后无论是学校层面的相关管理者，还是各具体学部管理者都非常繁忙，其工作的主要内容都是围绕能否获得更多的课题和经费资助，但是对于不同学科的管理者来说，由于其外部经费获得能力存在较大差异，所以其工作内容也有一定的差异。因此，这也有力地证实了资源依赖理论的基本假设，即组织内各行为主体的行为主要受资源依赖模式的控制，有什么样的资源依赖模式便会有什么样的行为。

第三节　北海道大学非政府办学经费拓展行为分析

前面一节分别从宏观上描述、分析、了解了法人化改革后日本国立大学所面临的财务状况，以及大学内相关管理者的工作内容。可以发现法人化改革后，为应对日益紧张的财政压力，相关管理者将工作的重心更多地放在了能获得办学经费的活动上，具体来说主要包括积极申请文部科学省科研项目和与社会企业进行合作研究等。当然，还包括通过其他一些项目获得非政府办学经费。一项成熟的人类行为一般都包括以下三个基本方面的内容：行为的基本理念或指导思想、具体的行为策略、相关的管理制度。这三个部分各自扮演不同的角色，又相互作用，共同构成了一个有机的行为体系。具体来说，基本理念或指导思想对于具体行为起统筹和引领作用，有什么样的理念和指导思想便会有什么样的具体行为，理念或指导思想并不直接规定行为的基本内容和行为方针，但是却能在很大程度上决定行为的方向、内容和价值选择，因此有先进和明确的行为理念或指导思想是一项活动能否顺利开展、实现活动预期的先决条件。实践行为和具体策略是开展活动、完成组织目标和使命的基本载体，是否具有高效的实践行为是组织在竞争激烈的环境下能否更好生存和发展的基本要义。然而，先进的理念、指导思想和具体的实践行为只有在制度的约束和规范下才能稳定、正确、长久地发挥其效力，是否有成熟的制度建设是影响组织目标达成度的重要因素。

基于以上的分析，我们将从理念、实践策略和制度三个维度探讨和分析北海道大学在法人化改革后对非政府办学经费的拓展行为。

一、非政府办学经费拓展所秉持的基本理念

对于非政府办学经费拓展这一实践行为来说，其基本理念就是指对这一行为的"看法""思想""计划"等。对非政府办学经费拓展这一行为理性化的想法、理性化的思维模式或者说理性化的看法和见解，是对非政府办学经费拓展这一客观事物的本质性反映。因此，要通过了解相关管理者对非政府办学经费拓展理念的看法和见解，看其是否形成了成熟的理念或指导思想，如果有，其理念或指导思想的具体内容是什么。根据相关管理者的构成结构，同样分为学校层面管理者的理念和各具体学科学部管理者的理念，此外还分不同学科管理者的理念。

（一）学校层面管理者尚不具有非政府办学经费拓展的相关理念

前面提到的两位副校长均为直接或者间接进行学校财务管理、具体开展非政府办学经费拓展活动的管理者，因此，他们是否有关于非政府办学经费这一行为的理念，以及有什么样的理念，基本就能从宏观上反映法人化改革后国立大学在开展这一活动时的理念建设情况。

在回答学校是否有开展非政府办学经费拓展的理念时，北海道大学副校长上田一郎认为："有关非政府办学经费从何处得到，大体上是指受

委托的研究费用，取决于非政府关系的资金如何定义，大概结果会有所不同。若是某大学承接大型的项目，基本上必须要审查的内容包括：项目是否符合大学的基本理念、教育和研究以及社会贡献。"从副校长上田一郎关于非政府办学经费拓展行为所遵循的基本理念的回答中，我们难以看到关于该校开展非政府办学经费拓展的明确理念，他只不过提到了在进行科研项目申请时，要看是否符合学校基本办学理念的观点。这一行为本身没有什么理念，遵循的是学校既有的基本办学理念。而北海道大学的基本办学理念包括以下四个方面，即"开拓精神""国际化素养""全人教育""重视实学"。与此同时，另外一位副校长在回答此问题时，也没有提及非政府办学经费拓展的相关理念。

（二）各学部部长也缺乏对非政府办学经费拓展理念的认识

对于各学部部长来说，他们是直接开展非政府办学经费拓展相关活动的第一行为者。那么他们在实践活动过程中，又秉持着什么理念呢？通过对几位学部部长的访谈后发现，他们均未提及关于非政府办学经费拓展理念的相关信息，更多是谈到了北海道大学自身办学所具备的理念，即"开拓精神""国际化素养""全人教育""重视实学"。他们均认为，其开展的所有教育教学及经费拓展活动均是在这四个基本理念的指导下开展的。而在回答对于非政府办学经费拓展这一行为本身是否具有相应的理念时，各位学部部长均没有明确的表述。这至少说明了两个方面的问题：一是由于法人化改革起步比较晚，各国立大学将非政府办学经费拓展作为一项常规活动而开展的时间也很短，所以在这段时期内，难以形成成熟、稳定、具有特色的理念；二是缺乏对非政府办学经费拓展这一行为的思考，因此他们普遍认为学校总的办学理念就是这一活动的理念，无论是学校层面的管理者还是各院部管理者均没有这种意识，说明这一行为的专业化程度有待提高。

二、非政府办学经费拓展的基本策略

面对日益加剧的财政压力和来自各方面的竞争，国立大学在法人化改革后必须采取有效的措施积极应对。那么在日本国立大学所处的制度环境、经济环境、文化环境下，国立大学为获取更多办学经费，又采取了哪些有效的具体措施呢？

（一）学校层面管理者

上田一郎和村田直树两位副校长所直接负责的工作便是财务管理、非政府办学经费拓展等。他们从整体上负责和开展学校层面的非政府办学经费拓展活动。那么，从学校层面来说，为获得非政府办学经费开展了哪些具体活动呢？

作为具体负责法人化改革后开展北海道大学财务运营和非政府办学经费拓展相关工作的副校长，上田一郎较为详细地叙述了由他所负责的为获取非政府办学经费的相关活动。这部分经费主要包括来自政府的补助金、捐助资金、受委托研究费及来自毕业生的捐赠，还有来自社会企业的受托研究经费等。从学校管理者的视角，我们可以看到，法人化改革后北海道大学为弥补因为运营费交付金下降造成的财政短缺，其非政府办学经费的主要来源有以下几个方面：一是向政府申请科研补助金，也就是说各大学以科研项目的形式自主地向文部科学省申请科研课题，然后相应地得到科研经费，这一部分占据了非政府办学经费的大部分；二是来自民间的受托研究经费，即与社会企业的合作研究项目，这也占据了较大部分，从北海道大学的情况看，这一部分每年保持在 50 亿日元左右；三是法人化改革后新设立的开拓基金会，主要是从校友中获得捐赠，但是其比例很小。

此外，另外一位分管学校运营的副校长也认为："法人化改革后北海道大学为应对不断加剧的财政压力，除以常规方式不断争取更多的科研经费外，还千方百计地通过各种途径和手段获得办学经费。诸如在法人化改革后新设置的开拓基金会、同窗会等，充分利用校友资源及其他各方面的资源获得尽可能多的办学经费。"这说明在法人化改革后，由于政府对国立大学的资助额度减少，各国立大学在非政府办学经费拓展上的意识逐渐增强，也不断尝试以多元化策略开展一定的活动来进行非政府办学经费的拓展。

同时，学校管理者也坦承，在法人化改革后，北海道大学非政府办学经费的主要来源依然是文部科学省以研究费补助金的形式拨付的款项。此外，通过接受来自社会企业的受托研究费用比例也比较大。这也是北海道大学获得非政府办学经费以减缓财政压力的主要方式。

（二）学部部长

各具体学部为了本学部的发展，在面对法人化改革后日益加剧的财政压力时，为获取更多非政府办学经费又各自采取了哪些措施呢？不同学科之间在策略选择上是否存在差异呢？

首先，一些应用性自然科学学科管理者认为，法人化改革充分释放了他们的办学活力，他们能够基于自身的研究获得大量的社会资金。如医学部部长在接受访谈时所言："转化研究（translational research）是本学部的重要资金来源之一，北海道大学是这方面的中心据点。所谓的转化研究就是将基础科学（basic science）运用到临床实践（clinical application）中去。如果研发出相关技术，资金也会源源不断地投入进来。所以一出现有趣的想法，或者是觉得这个方案很有意义的话，我们会投入资金进行研发，将其实用化后再卖给企业，支持大学自主研发的相关体制也比较完善。"从这位医学部部长的表述中，我们可以看到，作为应用性极强的医学科，其获得非政府办学经费的主要方式是与企业开展深度合作。一方面，企业通过提供大量的资金，利用北海道大学医学研究科先进的研究成果，共同开发先进的药物或者医疗器械；另一方面，北海道大学医学部也积极地利用企业充裕的资金，将一些理论研究成果转化为临床应用项目，以此获得企业的经费资助；双方还进行广泛的人员交流，医学部会派一些研究者直接深入到企业进行调研和研究，企业也会派一些工作人员到医学部接受进一步的学习和培训，以此实现互利共赢的目标。

其次，一些冷门基础性文科管理者则认为法人化改革给他们带来了前所未有的压力。如北海道大学文学部部长就认为："我之前获得过一些科学研究经费的赞助，现在已经担任研究科长 3 年了，从大概 5 年前担任副研究科长开始，管理、运营方面的工作开始变得十分繁忙，没有时间申请科学研究费和大型的外部资金项目。还有 1 年零 3 个月左右，我的研究科长任期就满了。明年打算进行各种申请，争取在结束研究科长任期后成功申请到资金。"

从文学部部长的叙述中可以明显地看出，文学部由于学科属性，导致其在非政府办学经费拓展上几乎没什么作为。该学部部长的主要精力在于学部内部的管理、运营等，而几乎没有时间申请科学研究费和大型的外部资金项目。

由此，我们可以较为直观地看出，具有不同学科性质的学部在非政府办学经费拓展的方式和手段上存在较大差异。对于应用性的学科，如医学部，法人化改革对他们来说是一个很大的机遇，他们可以充分利用自身的学科优势、研究实力在获得文部科学省更多"竞争性研究经费"的同时，与社会相关企业积极开展深度合作，从而得到源源不断的研究经费支持。但是，对于一些文科学部来说，情况就大为不同了，由于学科的社会应用性较差，一方面在文部科学省的研究课题申请上不占优势，另一方面也难以与社会企业合作而获得办学经费。因此，一些文科学部获得非政府办学经费的手段和能力都十分有限。因此，在从学校得到的办学经费不断减少的情况下，其面临的经济压力就会不断加大。

三、非政府办学经费拓展的相关管理制度

按最一般的理解，制度是要求成员共同遵守的，按一定程序办事的规程。从制度产生的根源来看，主要是由于人的不完善性、人的"恶性"，基于"人性本恶"的假设，需要依赖制度强制和惩戒的力量，对人性进行监督、制约和控制。从制度的作用来看，制度界定了人的活动范围，让人知道自己活动的边界在哪里；制度规范着人们的社会关系，让人明确自己在社会生活中的角色、地位、权利、义务；制度建构着人们的社会交往，为人们的交往提供了构架，建立了秩序。正如邓小平所言："制度好可以使坏人无法任意横行，制度不好可以使好人无法做好事，甚至走向反面。"[1]旧制度学派的代表人物康芒斯认为，如果我们可以找到一个普遍性的原则，使其适用于所有集体的行为，那么制度就可以认为是集体行动对个体行动的控制。[2] 第二次世界大战后发展起来的新制度学派正是在旧制度学派对制度概念理解的基础上，进一步深化了对这一概念的认识。诺斯在《制度、制度变迁与经济绩效》一书中指出，制度的作用在于决定和制约人们相互之间的关系，是一种社会性游戏规则，它可以提供一种日常生活的结构，以此为人类之间发生关系营造框架，确定和限制人类选择的不同

①《邓小平文选》第二卷，人民出版社1994年版，第333页。
② 参见［美］康芒斯:《制度经济学》（上册），于树生译，商务印书馆1997年版，第87页。

集合，从而达到减少人们行为不确定性的目的。制度的制约包括两方面内容：一是禁止人类从事某些活动；二是规定在什么条件下可以从事某些方面的活动。因此，正如前面所述，制度就是为人们相互发生关系提供一种框架，完全类似于竞争性游戏中的游戏规则。① 此外，兴起于20世纪80年代的新制度主义者还认为，制度是一个多元的概念，不仅包括正式制度，还包括非正式制度；不仅包括显性制度，还包括潜在制度等。简而言之，制度就是指一定时期内为规范人类行为，协调不同利益主体的利益的正式的官方制度、非正式制度、显性制度、隐性制度等。一个社会的发展要想有序，要想实现最基本的公平、正义，就需要完善的制度设计。

同样，对于高校非政府办学经费拓展这一行为来说，也需要相关成熟的制度建设，需要通过相关的制度来约束和规范非政府办学经费拓展这一行为，以使其能按照正确的方式高效地实现预定目标。此外，根据新制度主义对制度概念的发展，制度不仅包括正式制度，还包括一些显性和隐性制度等。而我们在这里所说的制度仅指与非政府办学经费拓展有关的正式制度。通过对与非政府办学经费拓展有关正式制度的考察，一是更深入地了解这一行为；二是在于考察是否有相关成熟的制度建设，以此评价这一行为是否成熟和完善。因为一定时期内对于组织内的某个行为来说，如果有相关成熟的制度建设，那么其发展程度便相对较高，反之则较低。

首先，我们通过相关问题的设置，就法人化改革后学校是否制定了与非政府办学经费拓展有关的正式制度向两位学校层面的副校长进行了解。上田一郎认为："其实非政府办学资金拓展政策和制度没有特殊的内容。"村田直树对这一问题的回答是："相关的正式的制度可能还没有。"从他们

---

① 参见［美］道格拉斯·C.诺斯：《制度、制度变迁与经济绩效》，刘守英译，上海三联书店1994年版，第3—4页。

的回答来看，法人化改革后，北海道大学的非政府办学经费拓展更多还是一种组织的自发行为，还未形成规范化、制度化的行为。这说明，非政府办学经费拓展这一行为还未能引起学校管理者的充分重视，因为只有在得到充分重视的情况下，管理者才会进行更深层次的制度建设。

同时在对其他几位学部部长的访谈中，我们也提到了非政府办学经费拓展的制度问题，各位学部部长均莫衷一是，认为不仅没有学校层面的相关制度，更没有学部层面的制度。大家都是按既定的规则或者习惯开展相应的活动而获得非政府办学经费。

通过相关管理者的阐述，我们对北海道大学法人化改革后非政府办学经费的拓展行为进行了较为全面、立体的剖析和审视。具体包括三个维度的内容：一是非政府办学经费的理念；二是非政府办学经费的具体策略；三是非政府办学经费的相关制度。从理念上看，法人化改革后，北海道大学还未形成属于非政府办学经费拓展这一行为的理念。在获得非政府办学经费的过程中，依然遵循学校的基本办学理念。从非政府办学经费拓展的具体策略上看，首先，不同学科性质的学部之间，在非政府办学经费拓展效能上存在较大的差异，具体来说，应用性较强的学科更容易获得非政府办学经费，而应用性较差的文科类专业获得非政府办学经费的能力也较差；其次，在非政府办学经费拓展手段上，以通过向文部科学省申请课题科研经费和与社会企业合作而获得资金支持为主，从其他方面如以捐赠等方式获得的资金较少；最后，在非政府办学经费拓展过程中，国立大学不能享有充分的自由，在很多方面依然受到国家相关政策的严格限制，如教员开展的赢利性咨询活动、学生招生数目的决定等。从非政府办学经费拓展的制度建设上来看，还没有相关的制度建设行为，非政府办学经费拓展更多的是各大学为应对财政压力所从事的自然的和习惯性的行为，非政府办学经费拓展还未形成制度化、常规化。

第四节　法人化改革后非政府办学经费拓展行为特征分析

法人化改革后，北海道大学为应对日益加剧的财政压力而开展了非政府办学经费拓展行为。这一拓展行为具有一些较为明显的特征。

一、非政府办学经费拓展手段相对较为单一

非政府办学经费的拓展可以有多种形式，不同国家和地区的大学可根据各自地区的经济、社会、文化、制度等具体情况采取不同的方式。比如美国，其特殊的经济制度和文化背景，使得大学筹资的主要方式是获得社会慈善人士和校友的捐赠。而对于日本来说，其获得非政府办学经费的主要方式是获得科研经费，一方面是从政府获得竞争性科研经费；另一方面是与社会企业开展深度合作，通过对科研成果的转化和应用而获得研究经费。非政府办学经费拓展手段相对单一，主要是因为：一是在法人化改革后，日本国立大学的资源依赖模式依然比较单一，其财政自主能力依然十分有限；二是由于改革的时间还较短，国立大学在实践中还未探索出更多、更有效的非政府办学经费拓展手段和策略；三是政府对于高校独立自主性的给予持十分谨慎的态度，并非通过法人化改革立即给予各国立大学极大的独立性和自主性，这有利于减少改革带来的风险和矛盾，但也只能渐进性地培养大学的独立自主意识。

二、拓展能力在学科间存在较大差距

与非政府办学经费拓展手段密切相关的是拓展能力，持不同的手段便会有不同的拓展能力。因此日本法人化改革后，国立大学非政府办学经费拓展手段比较单一的基本特征，也导致了在实际操作中由于不同学科存在性质上的差异，其在经费拓展能力上也存在较大的差距。其具体表现便是不同学科之间非政府办学经费拓展的手段趋同，而其学科的应用性存在较大差距，从而导致在非政府办学经费拓展的能力上它们存在较大差距。比如北海道大学的医学部和文学部之间，由于医学专业的科研成果能较为容易地应用到临床实践，因此能够较快地转化成经济效益，所以有很多企业愿意与医学部合作，利用其尖端的研究成果开发新产品，这既能为企业带来利润，也能使医学部源源不断地得到研究经费支持。而对于文学部来说，其研究成果更多具有文学性、基础性特征，很难被直接推广到市场而形成经济效益，因此很难让企业有兴趣和积极性与文学部开展产学研合作等活动，这也就导致文学部的非政府办学经费拓展能力较为有限。

这种由于学科差异导致非政府办学经费拓展能力存在较大差距的直接后果便是，法人化改革后学校内部不同学科之间的贫富差距不断拉大。因为各个学科在法人化改革前其办学经费主要来自政府拨款的常规运营经费，各个学科之间的差距不会太大。但在法人化改革后，由于来自政府的拨款不断减少，所有学部均会面临日益严峻的财政压力，而其中一些应用性较强的学科便能充分利用自身优势，源源不断地从社会企业获得大量办学经费。因此，这种学科之间的差距便不断被拉大。

三、拓展意识逐渐增强

到目前为止，"意识"还是一个不完整的、模糊的概念。一般认为它是人对环境及自我的认知能力以及认知的清晰程度。对于日本国立大学管理者对非政府办学经费拓展的意识来说，即是指学校内部相关管理者对这一行为的认识能力以及认识的清晰程度。相关管理者非政府办学经费拓展的主动性意识逐渐增强，在实践中的具体体现是：首先，国立大学内部相关管理者意识到了非政府办学经费拓展对于法人化改革后大学发展的重要意义，他们都认为在新的财政管理制度下，大学只有不断通过各种途径获得新的办学经费才能更好地应对挑战和压力。比如，村田直树在谈到法人化改革后国立大学内发生了哪些具体的变化时说："另一个比较大的变化是，增加自我收入的意识加强了。法人化改革之前，学生上缴学费，大学把学费上缴给国家，国家根据国立大学所规定的固定的学生数和教员数分派资金。因此即使招收的学生增加，学费收入增加，国家分配给国立大学的资金也不会增加。法人化改革之后，学费收入成为大学的收入，成为国立大学更好地使用资金的一种刺激，这种自己收入的意识逐渐被强化了。"

这种对非政府办学经费拓展意识的增强，一方面从资源依赖理论的视角看，是国立大学对改变了的资源依赖模式的客观反映，由于国立大学对外部资源依赖模式的改变，必然从主观上增强对新资源依赖模式的意识，以期从新的模式中获得更多办学资源；另一方面也反映了国家公共政策的作用，国立大学管理者的非政府办学经费拓展意识之所以会不断增强，是因为国家相关政策的改变，一是政府减少了对国立大学的直接拨款，二是政府给予各国立大学更大的经费自主权。任何意识都是行为主体对变化了的客观实践作出的具体的反映，因此任何意识的获得都需要相关制度设计的塑造，因为人对某一事物的意识不是凭空产生的，而是基于自身利益对客观实际的应对和反映。对于日本国立大学来说同样如此，要达到增强其在财政上自主性、独立性意识的目的，就必须通过相关的制度设计才能实现。

四、非政府办学经费拓展具有极强的学术性

这一特征由非政府办学经费拓展手段单一性的特征所决定。法人化改革后，北海道大学进行非政府办学经费拓展的主要手段，一是通过向文部科学省申请课题研究经费而获得经费；二是与社会企业开展深度合作，广泛地开展产学研合作而获得办学经费。因此，这就决定了北海道大学进行非政府办学经费拓展具有极强的学术性特征，即其获得的每一个项目、每一笔资金均以其学术研究能力和成果为基础。一方面，国立大学要想从文部科学省获得竞争性研究经费，就要与其他大学及研究机构进行竞争，而其竞争主要表现在学术研究实力之间的竞争上。为获得更多的研究课题和研究经费，各国立大学需要不断加强在人力、物力上的投入，以此产出更多高质的研究成果并不断积累更大的学术声誉，以达到从整体上增强学术竞争力的目标。另一方面，国立大学要想与社会企业开展产学研合作而获得办学经费，也要以坚实的研究能力为基础。在资源稀缺的情况下拥有大量资金的企业可以有很多选择，企业逐利性的基本特征决定了其选择合作对象时必定要以利益最大化为基本目标，因此大学的科研实力和成果能否为企业带来最大的利润便是企业选择合作对象的基本依据。在此背景下，国立大学要想获得与企业开展合作研究的更多机会，就必须以自身雄厚的科研实力和尖端的成果为基础。正如北海道大学医学部部长所言："站在医学部的角度来说，外部企业赞助的科研资金，当然是越多越好。而站在企业的角度来说，自然是希望

我们能做些更具实用性的研究。政府对研究课题的要求是，研究只要进行到这一程度就足够了；而企业的要求则是，请研究一下这个方面，请试验一下那样行不行，请检测一下这个药品的效果等，要求很多也很实际。虽然其中有不少有意义的研究，但也有为履行责任而毫无趣味的研究。但从总体上看，这对于推动教学科研质量的提高有积极推动作用，我们也会主动选择对于我们的研究和教学有积极推动作用的合作伙伴，这对于确保资金充足和保障我们的教学科研水平均是很重要的。"

非政府办学经费拓展行为所具有的极强的学术性特征，一方面是政府相关制度设计的结果。法人化改革中的一项重要内容便是财政制度改革，即将过去直接拨付给各大学的办学经费中的一部分截流下来形成竞争性研究经费，所有大学及社会研究机构均能平等地参与为获得这些研究经费的竞争，因此各大学不得不越来越重视自身科研实力的提高和学术声誉的积累。另一方面也与日本的社会制度和文化有直接关系。在日本，由于制度和文化的原因，捐赠文化还未形成一种广泛的社会意识，因此大学还不能通过捐赠等活动获得大笔资金，只有积极寻求与社会企业的合作，才能源源不断地从社会获得办学经费。

第五节　对非政府办学经费拓展行为的反思

人类任何理性的行为都是对相应的客观现实的反映，对于法人化改革后日本国立大学所开展的非政府办学经费拓展活动来说同样如此。首先，是对法人化改革后日本国立大学日益加剧的财政压力的反映。法人化改革后，由于财政制度的变革，各国立大学从政府直接获得的办学经费，即运营费交付金按年度 1% 的比例递减，旧有的资源依赖模式被改变，国立大学不得不拓展新的资源来源模式，从而获得更多办学经费以缓解财政压力。其次，是对日本社会经济文化制度的反映。法人化改革后，非政府办学经费拓展手段具有单一性和学术性特征。在非政府办学经费拓展过程中，其具体的策略和手段之所以具有这样的特征，其根本原因就在于在日本的社会经济文化制度背景下，通过这些手段能够获得更多的办学经费，相对于其他手段其效率更高，而不是盲目地借鉴欧美等国家大学筹资的经验。

但是，通过实证研究我们发现，在法人化改革后，北海道大学开展的非政府办学经费拓展活动依然存在不少问题和缺陷。首先，由于拓展手段的单一性和学术性导致学校内部不同学科之间存在极大的差异性，一些基础性人文学科由于本身学科属性的限制，导致其获得非政府办学经费的能力十分有限，从而造成不同学科之间的贫富差距不断拉大。应用性强的学科不仅能获得国家拨款的办学经费，还能通过自身的学科优势获得大量非政府办学经费，而应用性较差的学科在很大程度上只能依靠政府的拨款经费，面临日益加剧的财政压力，其正常的教育教学活动必然会受到影响，比如师资的流失、优质生源的流失等，并最终有可能对这些基础性学科的发展造成不可避免的损害，而决定一所大学和一个国家科学发展前景的便是这些基础性学科。其次，缺乏相关成熟的制度建设。非政府办学经费拓展更多地成为各层面管理者自发的行为，不能得到更好的规范和统一的谋划与指导。最后，非政府办学经费拓展的能力还十分有限，这对于缓解国立大学的财政压力、增强其在国际国内的竞争力来说还是远远不够的。

尽管非政府办学经费拓展还存在很多问题，从整体上看还很不完善很不成熟，但是这一行为依然具有十分重要的现实意义。首先，这一活动在国立大学中的广泛开展，一定程度上培养了国立大学的自主意识和独立意识，使国立大学更注意根据自身学校的实际情况和办学目标开展相关活动，大学自主意识的培养是增强其自主能力的前提。其次，一定程度上缓解了国立大学的财政压力，虽然其占国立大学总收入的比例很小，但是一定量的非政府办学经费的获得还是能够在一定程度上缓解法人化改革带来的冲击的，从而使得国立大学能够顺利地度过这一过渡期。最后，非政府办学经费拓展活动的广泛开展，激发了国立大学的办学活力和积极性，因为为获得更多非政府办学经费，只有基于不断提高的教学科研实力这一基本前提。因此，法人化改革后不断加剧的财政压力不仅没有对国立大学教学科研等活动的正常开展产生负面影响，反而激励了各国立大学不断提高教学科研实力和质量。简而言之，虽然非政府办学经费拓展行为还很不成熟，但是这一活动的广泛开展对于促进国立大学在法人化改革后自主意识和办学积极性的增强，对于其应对改革所带来的冲击依然具有极大的意义。相信随着改革的不断深入，这一行为在增强日本国立大学的竞争力上必将发挥越来越重要的作用。

结 语

一、对本研究问题的总结性反思

首先是通过个案研究而得出的研究结论的推广度问题。个案研究的推广度问题一直是困扰广大研究者的一个难题。本书是为揭示法人化改革后日本国立大学为日益加剧的财政压力所采取的措施，即对国立大学开展的非政府办学经费拓展行为的情况而进行的研究和探索。据此本书以北海道大学为个案进行了较为深入的研究和分析。借助特定研究手段获得了较为丰富的研究资料，对这些研究资料进行分析后得出了一些结论，即日本北海道大学在法人化改革后开展的非政府办学经费拓展行为的一般特征及具有这些特征的基本原因。并以此为基础和借鉴，提出了我国在当前要开展类似活动的一些建议。但北海道大学只是日本众多国立大学中的一所，和其他国立大学相比，北海道大学具有和其他学校不一样的要素禀赋，比如学校所处区位、学科结构、人才结构等，由于这些要素禀赋存在差异，不同学校便会在进行非政府办学经费拓展时采用不同的策略、理念和制度。因此，由于个案研究所具有的局限性，即不能更广泛地了解其他国立大学非政府办学经费拓展情况，从而在一定程度上影响了研究结论的推广度，即北海道大学所存在的情况和具有的特征是否适用于其他学校。因此，北海道大学进行非政府办学经费拓展的情况对于我们开展类似活动时是否具有借鉴意义，这便是值得进一步思考的一个重要问题。

其次是对研究过程的反思。研究过程的科学性和严谨性是影响研究达成度的核心要素。具体来说，本书的核心部分之一便是对北海道大学的个案研究，因此这部分相对于其他两部分（日本国立大学财政制度史和财务状况分析）来说更具建构性，其研究结论极易受研究者的主观因素和研究过程的影响。因此，有必要对研究过程作出深刻而全面的反思。一是研究对象的选择。之所以以北海道大学作为典型案例，是因为北海道大学是日本七所国立大学之一，其教学科研实力处于日本各国立大学的前列，同时北海道大学也是日本政府重点资助的大学之一，每年从政府获得大量的办学经费，因此法人化改革后它是受新的财政政策影响较大的学校之一。因此，选取北海道大学作为本研究的典型案例具有一定的合理性和代表性。但同时也存在一些问题，比如北海道大学身处日本最北端，远离日本本州岛，所处地区的社会经济文化发展水平与日本本州岛有较大差异，特别是经济发展的程度和结构与本州其他地区差异更大（北海道地区经济结构主要以农业和旅游观光业为主），因此以北海道大学作为典型案例而得出的一些研究结论是否具有更广泛的代表性和推广度便是一个很值得反思的问题。二是研究过程中访谈对象的选择。由于各方面条件的限制，我们只联系到了六位访谈对象，其中包括主管学校财政管理工作和学校整体运营的两位副校长，还有医学部部长、文学部部长、兽医学部部长和经济学部部长。因此能否从这些访谈对象口中获得与非政府办学经费相关的信息，以及这些访谈对象是否具有广泛的代表性是值得反思的。三是研究者的价值立场。研究者在研究过程中仅仅是一个"发现者"，还是价值"建构者"？又能否在研究过程中做到主观价值无涉？基于此考量，研究者在研究过程中时刻注意这一问题，努力保持价值中立，通过严谨的研究手段最大限度地获取真实的材料，然后在此基础上作出全面、客观的分析和阐述。

再次是对研究理论的反思。本书涉及两个理论，一是对整本书起支撑作用的高等教育成本分担理论，此理论的主要作用在于为本书奠定合法性基础，即公立大学在大规模开展非政府办学经费拓展时的行为是具有合法性的。二是资源依附理论，这一理论的根本作用在于解释公立大学为何要开展非政府办学经费拓展，即为这一行为的开展奠定合理性基础。但是，是否还存在其他更具解释力的理论呢？比如公共产品理论，它是新政治经济学的一项基本理论，也是正确处理政府与市场关系、政府职能转变、构建公共财政收支、公共服务市场化的基础理论。因此，这一理论对于当前掀起的现代大学制度建设中如何处理好政府与大学的关系，特别是财政关系也具有很强的解释力。同时，在解释和审视法人化改革后日本国立大学开展的非政府办学经费拓展行为时，是否也可以从组织理论中的权变理论的视角作出解释和分析？20世纪60年代末70年代初，权变理论在经验主义的基础上发展起来。在西方组织管理学中，权变理论是视具体情况而制定具体对策的一种应变思想。20世纪70年代以来，权变理论首先在美国兴起并得到了广泛重视。其兴起有着深刻的历史背景，20世纪70年代的美国社会各方面危机重重，特别是经济环境不断恶化，企业所要面对的形势十分严峻。而以往的企业管理理论更注重对企业内部的研究和分析，如科学管理理论、行为科学理论等，即努力追求一种普遍适用的所谓最合理、最科学的管理模式和原则，但美国企业在面对这瞬息万变的社会实际情况时，大多显得无能为力。在这种情况下，一种最好的、适用于一切情况的管理方法和原则已经不具有实际价值，而是应该根据各企业的客观实际情况和外部环境的客观变化适时地挑战管理理念、方法和原则，即权变理论的基本精神——权益应变。权变理论的基本观点为：每个企业所面对的外部环境和自身内部要素禀赋均各不相同，没有任何一种管理方法适合于所有组织和企业，成功管理的关键在于对组织内外状况的充分了解和有效的应变策略。因此，权变理论对于日本国立大学在法人化改革后为应对变化了的客观环境而作出相应的措施也具有较强的解释力。基于以上的分析，在研究理论的选择上，本书所选取的两个理论基础是否就是最合适的，仍然值得进一步思考。

二、对非政府办学经费进一步拓展深化的展望

基于前面的反思，为了在将来涉及对这一问题的进一步研究中弥补这些缺憾以及将研究问题推向深入，提出下面几点展望。一是进一步扩大研究对象，试图尽可能地全貌把握日本国立大学在法人化改革后所开展的非政府办学经费拓展的情况，以便进一步凝练法人化改革后日本国立大学所开展的非政府办学经费活动存在的问题及基本特点等；二是进一步对存在这些问题和所具有的这些基本特征背后的原因进行深入挖掘，不仅从学校自身的要素禀赋进行归因分析，还要进一步从日本的文化意识和传统、经济制度、政治制度等方面找原因；三是进一步深化对日本国立大学所开展的非政府办学经费拓展行为经验的总结和反思，从理念、策略和制度上建构符合中国国情的现代大学财政制度和非政府办学经费拓展制度；四是引入比较的视角，比较日本国立大学与欧美等国家和地区的公立大学在开展非政府办学经费活动上存在的差异，并从文化、经济及政治制度等方面寻找造成这种差异的原因。

总而言之，日本国立大学非政府办学经费拓展是日本高等教育为应对世界高等教育发展所带来的压力而作出的应然之举，具有其自身的特点，但同时也存在不少问题。本书只不过起到一个抛砖引玉的作用，一定程度上展示了法人化改革后日本国立大学在财政上的实际面貌及其应对措施，并对其相应的行为作出了浅尝辄止的研究和探索。肇始于 2004 年的日本

国立大学法人化改革只是日本高等教育尝试建设具有日本特色的现代大学制度的开端，在将来必将进一步推向深入，而且在财政制度上国立大学也必将面临更大的变革和挑战。

与此同时，在我国全面建设高等教育强国的新阶段，除了需要进一步加强政府公共经费投入外，研究并重视大学的自主经营同样非常重要。这样既能最大限度地弥补公共经费投入不足的缺口，还能提高大学的经营意识、大学对办学质量的重视、大学对学生就读体验的关注等。因此，在未来的研究中，要进一步研究非政府办学经费拓展行为与办学质量之间的关系，构建起非政府办学经费拓展与倒逼学校提高办学质量、激发办学活力和动力之间的有机联系。

日本国立大学法人化改革，既有其深刻的历史背景，也有迫切的现实需求。进入 21 世纪以后，随着中国等新兴经济体的崛起，日本所面临的竞争日益激烈。与此同时，在高等教育国际化深刻发展的背景下，日本公立高等教育也面临着日益激烈的竞争，日本高等教育的整体竞争力不断下降是不争的事实。为进一步提高高等教育对日本经济社会发展的贡献力和日本公立高等教育的核心竞争力，日本于 2004 年开启了旨在重塑日本高等教育形象的国立大学法人化改革。法人化改革在新公共主义理论的指导下，旨在减轻政府的公共财政压力，并以此增强国立大学的财政危机意识，激发其办学活力和内生动力。

日本国立大学法人化改革有系统的设计，包括下放办学自主权、教师身份的转变等一系列政策设计。其中，转变政府资助方式尤其引人关注。这一政策工具的巧妙设计，起到了牵一发而动全身的功效。政府的直接公共拨款按年均 1% 的比例递减，一方面，因减少幅度不会对被改革对象造成巨大的冲击而遭受改革的阻力；另一方面，这种政府拨款减少也能在实践办学过程中对各办学主体造成事实上的冲击，使其从办学理念、内在动机等方面有所触动。通过本书的研究发现，法人化改革后，日本各国立大学所接受到的政府公共经费的确呈现明显下降的趋势，与此同时各学校办学总经费不降反升。这主要归功于各国立大学越来越重视自主经营，包括对附属医院的经营，加强产学研合作，加强非政府经费拓展等。这足以证明日本国立大学法人化改革中渐进式降低政府公共拨款的政策设计是成功的，激发了各国立大学的危机意识，并不断提高其自主经营能力。

在全球化时代，世界高等教育将面临越来越激烈的竞争。这种竞争不仅包括对优质师资、生源的争夺，还包括对办学经费的竞争。这种竞争越来越跨越国界的限制，几乎所有国家或地区的高等教育都将被裹挟其中。因此，在新时代，唯有那些具有竞争意识和经营能力，具备先进办学理念，具有雄厚物质基础的大学才可能在新一轮的高等教育全球性竞争中赢得先机。因此，不断增强我国公立高等教育的危机意识、经营意识和服务社会发展进步的意识是根本。长期以来，由于我国高等教育的管理体制，导致我们的办学者普遍缺乏危机意识和自主经营意识，在大学办学过程中，等、靠、要等思想普遍存在。一方面，这不利于大学自身的长远发展；另一方面，也不利于充分发挥大学服务经济社会发展的功能。因此，我们同样需要相应的政策设计，从根本上扭转这种办学思维，以不断降低政府直接拨款为政策工具，从根本上提升大学的危机意识与自主经营能力。我们相信，只要有周全、稳健与果敢的制度设计，我国的高等教育必将迎来全新的发展局面。

主要参考文献

中文著作：

［1］［德］卡尔·雅斯贝尔斯：《大学之理念》，邱立波译，上海人民出版社 2007 年版。

［2］［美］D. B. 约翰斯通：《高等教育财政——问题与出路》，沈红、李红桃译，人民教育出版社 2004 年版。

［3］［美］大卫·科伯：《高等教育市场化的底线》，晓征译，北京大学出版社 2008 年版。

［4］［美］菲利普·G.阿特巴赫：《高等教育变革的国际趋势》，蒋凯译，北京大学出版社 2009 年版。

［5］［美］简·柯里、理查德·德安吉里斯，［荷兰］哈里·德·波尔、杰罗恩·胡斯曼，［法］克劳德·拉科特：《全球化与大学的回应》，王蕾译，北京大学出版社 2010 年版。

［6］［美］杰弗里·菲佛、杰勒尔德·R．萨兰基克：《组织的外部控制——对组织资源依赖的分析》，闫蕊译，东方出版社 2006 年版。

［7］［美］理查德·罗兹：《原子弹出世记》，李汇川等译，世界知识出版社 1990 年版。

［8］［美］希拉·斯劳特、拉里·莱斯利：《学术资本主义——政治、政策和创业型大学》，黎丽译，北京大学出版社 2008 年版。

［9］［美］雅罗斯拉夫·帕利坎:《大学理念重审——与纽曼对话》,杨德友译,北京大学出版社 2008 年版。

［10］［美］约翰·S.布鲁贝克:《高等教育哲学》,王承绪等译,浙江教育出版社 1998 年版。

［11］［美］詹姆斯·杜德斯达:《21 世纪的大学》,北京大学出版社 2005 年版。

［12］［日］金子元久:《高等教育财政与管理》,刘文君编译,华东师范大学出版社 2010 年版。

［13］［英］安东尼·史密斯、弗兰克·韦伯斯特主编:《后现代大学来临?》,侯定凯、赵叶珠译,北京大学出版社 2010 年版。

［14］［英］杰勒德·德兰迪:《知识社会中的大学》,黄建如译,北京大学出版社 2010 年版。

［15］［英］迈克尔·吉本斯等:《知识生产的新模式——当代社会科学与研究的动力学》,陈洪捷,沈文钦等译,北京大学出版社 2011 年版。

［16］陈向明:《质的研究方法与社会科学研究》,教育科学出版社 2006 年版。

［17］段治乾:《教育制度伦理研究》,河南人民出版社 2005 年版。

［18］康永久:《教育制度的生成与变革——新制度教育学论纲》,教育科学出版社 2003 年版。

［19］袁方:《社会研究方法教程》,北京大学出版社 2004 年版。

［20］袁振国主编:《当代教育学》,教育科学出版社 2004 年版。

［21］王蓉主编:《高等教育规模扩大过程中的财政体系——中日比较的视角》,教育科学出版社 2008 年版。

［22］阎凤桥:《大学组织与治理》,同心出版社 2006 年版。

中文文章：

［1］［美］D.布鲁斯·约翰斯通：《高等教育成本分担中的财政与政治》，李红桃、沈红译，《比较教育研究》2002年第1期。

［2］［日］天野郁夫：《日本国立大学的法人化：现状与课题》，鲍威译，《北京大学教育评论》2006年第2期。

［3］陈万明：《高等教育投资多元化探索》，《江苏高教》2002年第2期。

［4］陈向明：《定性研究方法评介》，《教育研究与实验》1996年第3期。

［5］陈学飞：《传统与创新：法、英、德、美博士生培养模式演变趋势的探讨》，《清华大学教育研究》2000年第4期。

［6］程明明、于蕾：《高等教育全球化特征浅析》，《理论观察》2004年第4期。

［7］丁建洋：《作为历史的转折：日本国立大学法人化改革六年述评》，《高教探索》2010年第2期。

［8］丁小浩、李锋亮、孙毓泽：《我国高等教育投资体制改革30年——成就与经验、挑战与完善》，《中国高教研究》2008年第6期。

［9］杜屏、李宝元：《中国高等教育的成本分担与机会均等》，《北京师范大学学报》2007年第1期。

［10］贺国庆：《欧洲中世纪大学起源探微》，《河北大学学报》2007年第6期。

［11］洪成文：《国外大学经费筹措的主要方式》，《高等教育研究》2000年第3期。

［12］黄芳、蒋莱：《现代大学制度研究综述》，《复旦教育》2002年第4期。

［13］蓝劲松：《小而精的学府何以也成功——对加州理工学院崛起的分

析》，《复旦教育论坛》2003 年第 1 期。

[14] 李洁:《大学社会捐赠开发理论与策略》，《现代教育管理》2010 年第 12 期。

[15] 李文利:《中国高等教育经费来源多元化分析》，《北大教育经济研究（电子季刊）》2004 年总第 4 期。

[16] 李鹰:《国外教育产业化的几种运作模式及其启示》，《山东师范大学学报》2006 年第 3 期。

[17] 栗洪武:《理性思辨研究方法在教育科学研究中的运用》，《陕西师范大学学报》2011 年第 2 期。

[18] 刘明:《从财政视角看我国高等教育经费问题及其应对策略》，《华中师范大学学报》2012 年第 3 期。

[19] 施雨丹:《面向 21 世纪日本国立大学的制度选择与创新》，《高教探索》2008 年第 5 期。

[20] 石中英:《我国高等教育改革的价值观研究》，《大学（研究与评价）》2007 年第 4 期。

[21] 徐国兴:《我国高等教育学费政策的理念与现实》，《教育与经济》2006 年第 2 期。

[22] 燕凌、佟婧、洪成文:《美国一流大学捐赠基金管理的特征》，《比较教育研究》2012 年第 1 期。

[23] 杨蜀康:《我国高等教育投资主体的增长空间分析》，《兰州大学学报》2007 年第 1 期。

[24] 俞泓:《教育财政如何适应高等教育的发展——基于教育成本分担理论的分析》，《经济师》2012 年第 3 期。

[25] 余英:《高等教育成本分担的国际比较——兼评中国高等教育学费标准的政策依据》，《清华大学教育研究》2007 年第 3 期。

〔26〕张帆、王红梅:《德国大学博士培养模式的主要问题及变革尝试》,《比较教育研究》2008 年第 11 期。

〔27〕张国祥、续润华、李建强:《"莫雷尔法案"颁布及其历史影响》,《河南大学学报》1999 年第 2 期。

〔28〕张岩峰:《我国高等教育投资体制改革的问题与政策选择》,《科技导报》2001 年第 3 期。

〔29〕张振华、刘志民:《高校办学自主权:内涵、演变与启示》,《中国农业教育》2011 年第 1 期。

英文著作:

〔1〕A. Kezar, *Higher Education for the Public Good*, San Francisco: Jossey-Bass Press, 2005.

〔2〕B. Bert, *Qualitative Research Methods for the Social Sciences*, Boston: Allyn and Bacon Press, 1995.

〔3〕B. Glaser, A.Strauss, *The Discovery of Grounded Theory: Strategies for Qualitative Research*, Chicago: Aldine Publishing Company, 1983.

〔4〕B. Johnstone, *New Patterns of Student Lending: Income Contingent Loans*, New York: Teacher's College Press, 1976.

〔5〕Bryan Cheung, *Higher Education Financing Policy: Mechanisms and Effects*, University of South Australia Press, 2002.

〔6〕B. R.Clark, *Creating Entrepreneurial Universities: Organizational Pathways of Transformation*, New York: Peramon Press, 1998.

〔7〕C.Calhoun, *The Public Good as a Social and Cultural Project*, New Haven: Yale University Press, 1996.

〔8〕 D. Bok, *Universities in the Marketplace: The Commercialization of Higher Education,* Princeton: Princeton University Press, 2003.

〔9〕 E.Bensimon, A.Neumann, R.Birnbaum, *Making Sense of Administrative Leadership: The "L" Word in Higher Education,* Washington: The George Washington University, 1989.

〔10〕 E. F.Cheit, *The New Depression in Higher Education: A Study of Financial Conditions of 41 Colleges and Universities,* New York: McGraw-Hil Press, 1971.

〔11〕 Hilde De Ridder-Symoens, *A History of the University in Europe.* Cambridge University Press, 1992.

〔12〕 H. R. Bowen, *The Cost of Higher Education: How Much Do Colleges and Universities Spend and How Much Should They Spend?* San Francisco: Jossey-Bass Press, 1980.

〔13〕 Hoda Abd El Hamid Ali, *Diversification in Sources of Financing Higher Education and its Economic Impact in the Changing Global Market: The Arab Challenge,* Overland Park, KS: The Kansas City Regional Council for Higher Education, 2006.

〔14〕 J. C. Hearn, *Diversifying Campus Revenue Streams: Opportunities and Risks,* American Council on Education Center for Public Policy, 2003.

〔15〕 Nicholas Barr, *The Economics of the Welfare State*, Second Edition, London: Weidenfeld and Nicholson Press, 1993.

〔16〕 M. Carnoy, M.Castells, S.Cohen & F.Cardoso, *The New Global Economy in the Information Age,* University Park: The Pennsylvania State University Press, 1996.

〔17〕 N.Denzin, Lincoln, eds., *The Discipline and Practice of Qualitative*

Research, Thousand Oaks, CA: Sage, 2000.

［18］ N.V.Varghese, *Institutional Restructuring in Higher Education in Asia: Trends and Patterns, Paris,* International Institute for Educational Planing Press, 2003.

［19］ R. Birnbaum, *How Colleges Work: The Cybernetics of Academic Organization and Leadership,* San Francisco: Jossey-Bass Publishers, 1988.

［20］ R.Birnbaum, *How Academic Leadership Works: Understanding Success and Failure in the College Presidency,* San Francisco: Jossey-Bass Publisher, 1992.

［21］ T. Sandler, *Intergenerational Public Goods: Strategies,* Efficiency and Institution, New York: Oxford University Press, 1999.

英文文章：

［1］ Audrey J. Jaeger, Courtney H.Thorton, "Moving Toward the Market and Away from Public Service? Effects of Resource Dependency and Academic Capitalism", *Journal of Higher Education Outreach and Engagement*, Vol. 10, No.1(2005).

［2］ D. C. Levy, "The Unanticipated Explosion: Private Higher Education's Global Surge", *Comparative Education Review*, Vol. 50, No.2 (2006).

［3］ Edward J. Hackett, "Science as a Vocation in the 1990s", *Journal of Higher Education*, Vol. 61, No.3 (2017).

［4］ Jamil Salmi, "Tertiary Education in the 21st Century: Challenges and Opportunities", Journal of *Higher Education Policy & Management*, Vol. 13, No.2 (2001).

［5］ M.Anderson, "The Complex Relations Between the Academy and

Industry: Views from the literature", *Journal of Higher Education*, Vol. 72,No.2 (2001).

［6］P. Bennell, "Using and Abusing Rates of Return: A Critique of the World Bank's 1995 Education Sector Review", *International Journal of Educational Development*, Vol. 16, No.3 (1995).

［7］P.Dimaggio, W.Powell, "The Iron Cage Revisited: Institutional Isomorphism and Collective Rationality in Organizational Fields", *American Sociological Review*, Vol. 48, No.2 (1983).

［8］R.Deem, "Globalism, New Managerialism, Academic Capitalism and Entrepreneurialism in Universities: Is the Local Dimension Still Important?", *Comparative Education*, Vol. 37, No.1 (2001).

［9］W. Bruce Cook, ph. D.,"Fund Raising and the College Presidency in an Era of Uncertainty From 1975 to the Present", *Journal of Higher Education*, Vol. 68, No.1(1997).

后　记

"文章乃经国之大事，不朽之伟业。"在本书即将出版之际，有太多感慨。

首先需要满怀感恩之心。要感谢家人对我的支持和宽容，没有他们作坚强后盾，我不可能一直坚持走在学术道路上，也不可能有更多精力专注于学术工作；要感谢导师一直以来对我的指导与关爱，从进入北师大就读研究生以来，取得的每一点每一滴的成果都得到了他无微不至的指导与关怀；要感谢同学和同事们的关心与支持，所谓独行快、众行远，在与同学和同事们的交流合作中我得到了不断成长的动力；特别要感谢在本书出版过程中付出了辛勤劳动的各位编辑，我也从他们身上学习到了什么叫匠心精神、什么叫严谨。

其次需要更多地反思与反省。一是对本书内容的反思。本书仅对日本国立大学法人化改革这一重大改革事件作出了浅尝辄止的探索。近年来，世界高等教育竞争日趋激烈，改革浪潮不断掀起。日本国立大学法人化改革的经验值得我们吸收和借鉴。在全面加快建设高等教育强国新阶段，我们要积极学习日本高等教育改革的成功经验。我们相信，未来在我国高等教育的改革发展过程中，增强大学的自主经营意识和能力是最终的归宿和改革方向，那么今天我们来研究和探讨日本国立大学法人化改革便具有了现实意义。我也期望无论是高等教育改革的政策制定者、实践工作者还是理论研究者，都要充分意识到非政府办学经费拓展对公立大学的重要意义和价值。因为，这不仅关涉大学的物质基础，还能够在很大程度上倒逼大学的各项改革，如经营意识、服务社会的能力、人才培养质量的提高等。同时我也相信，关于公立高等教育非政府办学经费拓展的研究才刚刚开始，未来会有更多、更高品质的研究成果不断涌现。二是对自身学术态度的反思。在本书的出版过程中，我做了大量的修改与完善。正如曹丕所言："文章乃经国之大事"，每一个词、每一句话、每一个数字的使用都务必做到精准无误。在将来的为学过程中，务必要以更加严谨的态度要求自己，力争每一句话、每一篇文章都经得起历史的检验。与此同时，我也深知由于自身学术能力和水平有限，本书疏漏之处在所难免，愿得到同行们的批评与指正。

最后再借用一句名言来鞭策自己：发上等愿，结中等缘，享下等福；择高处立，寻平处住，向宽处行！

伍宸

于浙江外国语学院小和山校区

2020 年 3 月